虛帝不遠乘白雲而永逝鳴

弊之術彼勞我逸

李之交摔同蚌鷸之相傾擊

儀之已矣固天道

而旱昏風悲隧路月冷山門

嗚呼哀哉惟

瀰備經衰陰振旅耀威宅士

監修者──木村靖二／岸本美緒／小松久男／佐藤次高

［カバー表写真］
ソグド戦士
（アフラシアブ出土壁画，タシケント・ウズベキスタン国立歴史博物館蔵）

［カバー裏写真］
蜀へ逃避行する玄宗，明皇幸蜀図
（台北・故宮博物院蔵）

［扉写真］
史思明墓出土玉冊
（北京・首都博物館蔵）

世界史リブレット人18

安禄山

「安史の乱」を起こしたソグド人

Moribe Yutaka
森部　豊

目次

安禄山とその時代

北京の地下鉄二号線は、明・清時代の旧北京内城の城壁の下を走っている。この路線の長椿街《チャンチュンジエ》駅で下車し、地上にでて長椿街を南へいくと、牛街礼拝寺《ニウジエリーバイスー》《モスク》がみえてくる。礼拝寺から胡同《フートン》を東へぬけると、唐代創建の法源寺《ほうげんじ》(憫忠寺《びんちゅうじ》)がある。唐の時代、この一角は城壁でかこまれた都市で、幽州《ゆうしゅう》(范陽郡《はんようぐん》)と呼ばれていた。

七五五(天宝十四)年十一月、この幽州で当時の世の中を激震させる事件が起こった。安禄山《あんろくざん》(七〇三～七五七)が兵をあげ、唐朝に対し「反乱」を起こしたのである。この「乱」は、北中国(華北)のほぼ全域を巻き込み、唐朝を大混乱におとしいれていった。「乱」は、安禄山から安慶緒《あんけいしょ》▲、史思明《ししめい》▲、史朝義《しちょうぎ》▲へと引

▼**安慶緒**(?～七五九)　安禄山の第二子。母は康《こう》氏。本名は仁執《じんしつ》、慶緒は玄宗から賜った名。

▼**史思明**(七〇三?～七六一)　一九六六年に北京市豊台《フォンタイ》区林家墳《リンジアフェン》村で史思明の墓が発見され、玉製の哀冊(帝王の生前の功績と徳行を称揚した韻文。葬礼時、読みあげ陵墓に埋めるもの)などが出土した。七一頁参照。

▼**史朝義**(?～七六三)　史思明の庶子。史思明の暗殺後に、洛陽で「乱」を領導する。

き継がれ、七六三（宝応二）年正月に、唐朝がモンゴリア（北アジア）で覇を唱えていたウイグル▲の軍事力を借りて平定するまで、足掛け九年も続いた。この事件は、領導者たちの姓をとって「安史の乱」と呼ばれる。

「安史の乱」をはさむ八世紀は、唐朝とその社会が大きく変わりはじめていく時代といわれる。唐朝のシステムは、律令《りつりょう》の法体系をベースとし、租庸調《そようちょう》制（徴税）・均田《きんでん》制（土地）・府兵《ふへい》制（軍事）がたがいに機能し合うものだった。このシステムを統括するものとして三省六部《さんしょうりくぶ》をはじめとする律令官制が敷かれ、門閥貴族による政治がおこなわれていた。しかし、このシステムは八世紀前半にはくずれはじめ、「乱」をはさんで破綻していく。貴族の勢力はしだいに後退し、やがて宋代には君主独裁制が成立する。軍制は徴兵《ちょうへい》制から募兵《ぼへい》制になり、それにともなう軍事費の増加は、塩の専売▲（間接税）と両税法《りょうぜいほう》（直接税）の導入によって補われるようになった。この新税制は貨幣の流通を促し、宋代には貨幣経済が進展していく。貴族の衰退は文化面でも影響を与えた。新興の科挙《かきょ》官僚による古文復興運動▲が始まり、やがて儒教の経書の再解釈へとつながっていくのである。中国史の専門家はこのような変化を「唐宋変革《とうそうへんかく》」と呼んで重視して

▼ウイグル（七四四～八四〇年）　トルコ系の遊牧民および国家の名。七四二年にバスミル・カルルクとともに突厥に反旗を翻し、七四四年、その君長の骨力裴羅《クトルクボイラ》が闕毗伽可汗《キョルビルゲカガン》として即位した。八四〇年にキルギスの侵攻により崩壊し、その遺民は北中国・河西《かせい》・天山《てんざん》へ移動した。

▼塩の専売　「安史の乱」のとき、平原《へいげん》太守の顔真卿《がんしんけい》が実施。のちに第五琦《き》が七五六年に江淮《こうわい》地方で施行し、七五八年に全国で実施された。一斗一〇銭だった塩に一〇〇銭の税をかけ、一一〇銭で売り出した。劉晏《りゅうあん》が塩商人に売却する方法に改め、八世紀後半には唐の国庫収入の半分を占めるようになる。

▼古文復興運動　唐の韓愈《かんゆ》らは、当時、おこなわれていた四六《しろく》文に反対して、『史記』をモデルとして古代の散文にもどろうと提唱した。その背景には、科挙をつうじて新興階級の知識人が社会に進出しはじめたことがある。

法源寺（北京市西城区）　唐の太宗が建立を発願し、則天武后の六九六年に竣工した。もとの名は憫忠寺という。

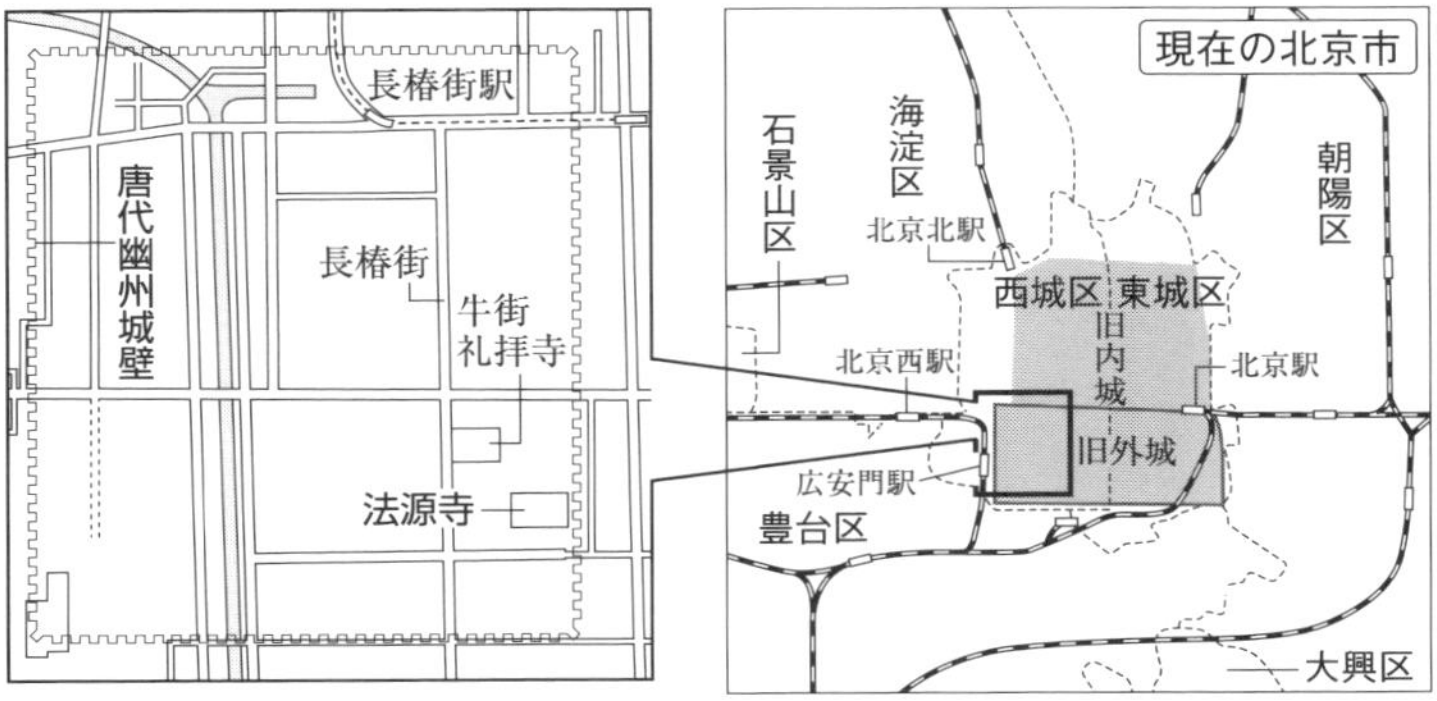

幽州の位置

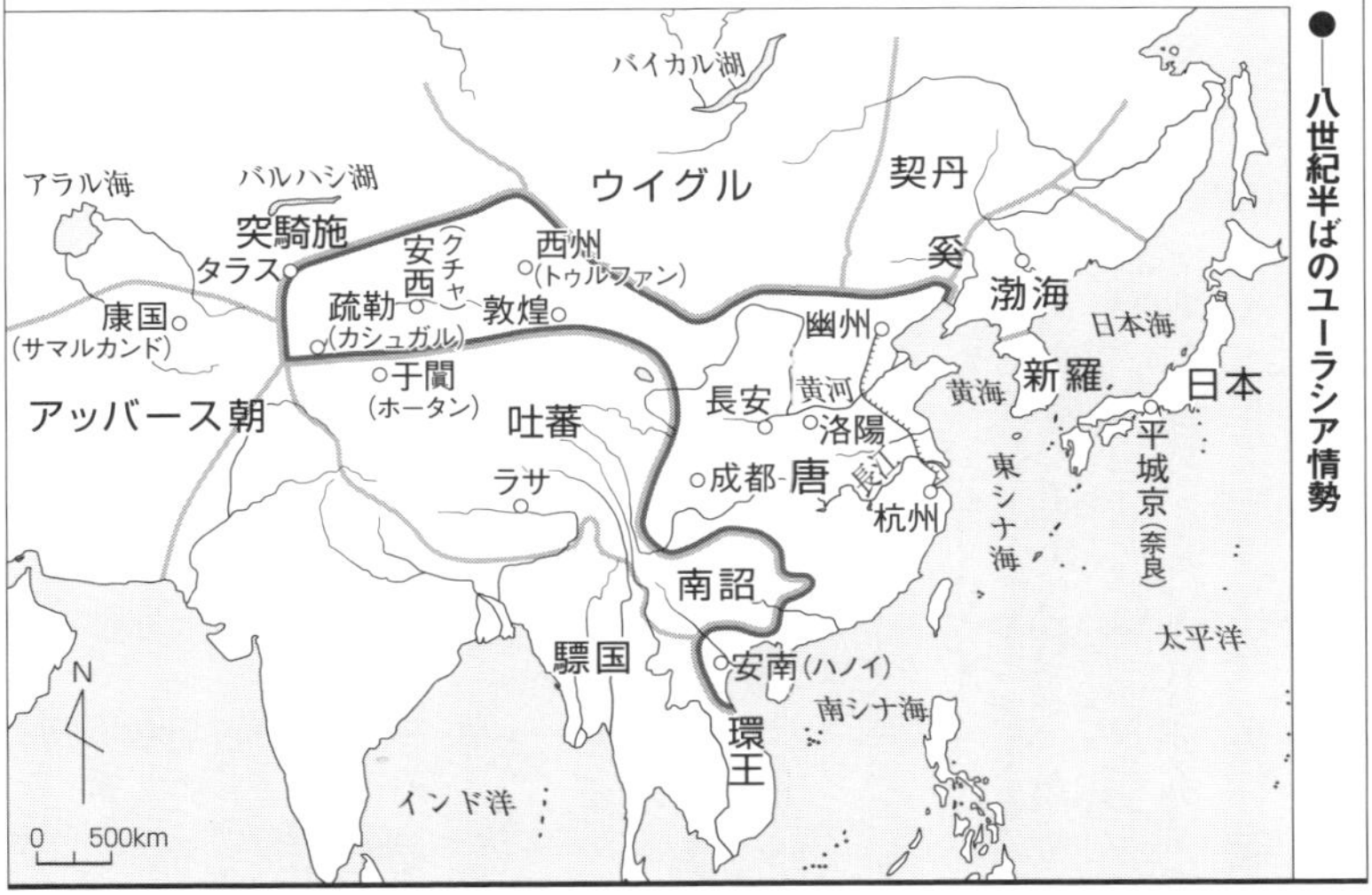

八世紀半ばのユーラシア情勢

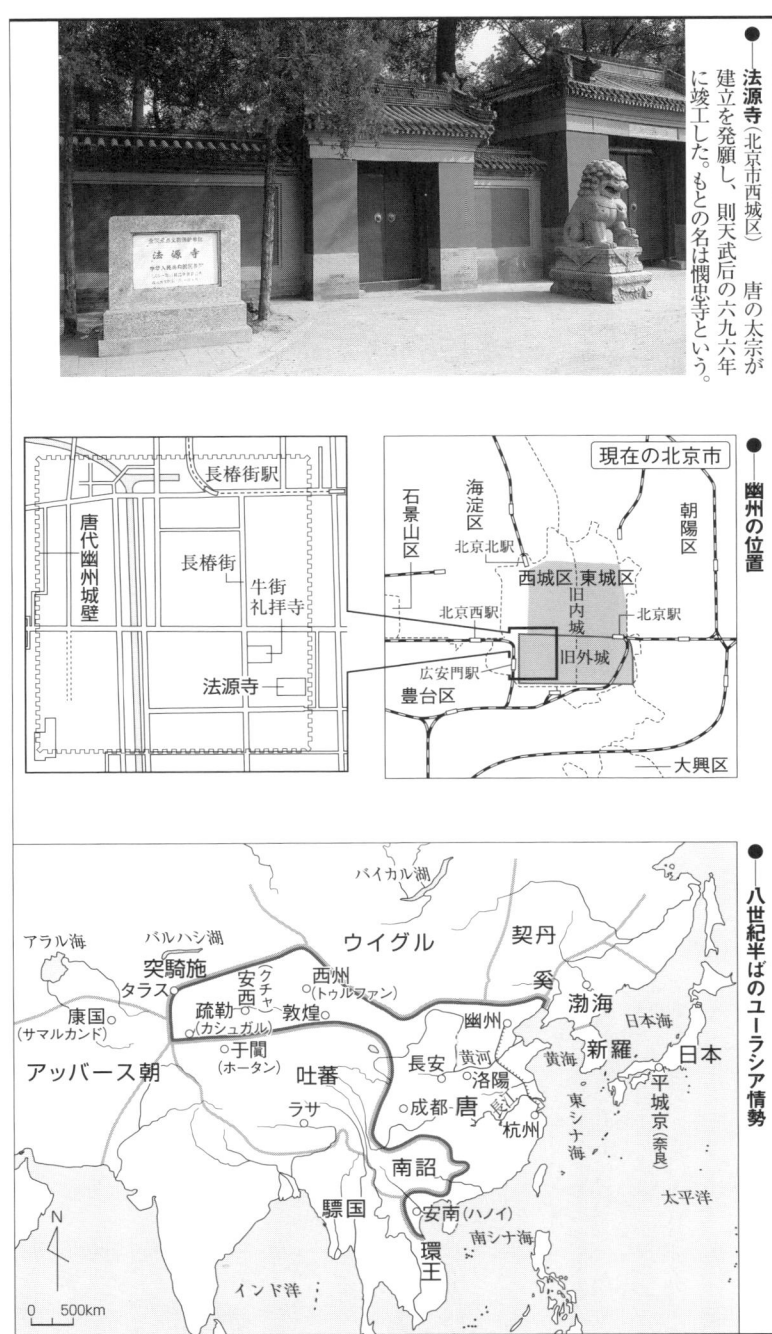

きた。そして「安史の乱」をこの「変革」期のターニングポイントに位置するものとみなして大きな関心を寄せ、唐代の政治や経済、社会、軍制との関係を視野にいれ、研究をおこなってきたのである。

　ところで、「安史の乱」の研究は、第二次世界大戦をはさんで、その傾向が大きく異なる。大戦前では、モンゴリアや中央アジアからの「民族」移動と関連づけて説明されてきたが、大戦後になると、そのような見方は影をひそめ、「唐宋変革」に位置づけ、中国史の枠でとらえようとする傾向が強くなった。ところが、近年、「安史の乱」を中央ユーラシア史というより広い観点からみなおそうという動きが起きている。このような傾向は、グローバル化が進み、「国境」の枠組みがゆらぎはじめたことによる一国史観からの脱却や地域研究の見直しからでてきたものであり、また従来、「野蛮人」とされてきた騎馬遊牧民が世界史にはたした役割を再評価しようとする姿勢と関係がある。

　たしかに、「安史の乱」が起きた頃のユーラシア大陸に目を向けると、そこにも大きな時代のうねりをみることができる。モンゴリアでは七四〇年代前半に突厥《とっくつ／とっけつ》▲からウイグルへと主役がかわり、そのウイグルが八四〇年に瓦解したの

▼**突厥**　北アジアから中央アジアまで支配したトルコ系の遊牧民および国家の名。「突厥」はTürk(テュルク＝トルコ)の音転写。五五二年に、阿史那《アシナ》の土門《どもん》が柔然を倒し、突厥を建てた。これを第一可汗国という。隋朝の離間策が功を奏し、五八三年に突厥は東西に分裂した。

▼**契丹**　大興安嶺《たいこうあんれい》南東のシラムレン流域にいた遊牧民。種族系統不明。ただ、その言語は現在のモンゴル語系統のものであったことは確認できる。耶律阿保機《やりつあぼき》がでて契丹を統一し、九一六年に契丹国を建国した。

ち、マンチュリア(中国東北部)から契丹《きったん》▲が勃興し大帝国を建国する。突厥は、モンゴリアの騎馬遊牧民が建てた「国家」として、はじめて自らの文字をもち、中国世界とは一線を画した「民族」の意識をもつ国であった。このような「民族」意識は、のちのウイグル、大契丹国(遼朝)へと受け継がれていく。一方、西アジアでは七五〇年にアッバース革命が起こり、ウマイヤ朝▲が倒れてイスラーム帝国たるアッバース朝▲が生まれた。その余波は中央アジアにおよび、またパミール高原を東へこえ、唐に達した可能性もある。このようなユーラシア規模での大きな変動のなかに、唐の東北辺から起こり、北中国全域に広がっていった「安史の乱」は、どのように位置づけることができるのだろうか。

　安禄山に関する史料は、極めてかぎられている。公式なものでは、『旧唐書《くとうじょ》』と『新唐書《しんとうじょ》』という唐の歴史を記録した正史《せいし》のなかに「安禄山伝」があり、また、「安史の乱」のすぐあとに著わされた『安禄山事迹《じせき》』という雑史《ざっし》がある。このほか、宋代に司馬光《しばこう》▲によって編纂された『資治通鑑《しじつがん》▲』にも「安史の乱」の経緯が記されている。また『資治通鑑』の編纂過程を述べた『資治通鑑考異《こうい》』という書物のなかには、現在では散逸してしまった『薊門紀乱《けいもんきらん》』などの「安史

▼ウマイヤ朝(六六一～七五〇年)　シリア総督のウマイヤ家のムアーウィヤが開いたイスラーム史上はじめての世襲王朝。都はダマスクス。アラブ人ムスリムによる統治を根幹においており、アラブ帝国とも呼ばれる。

▼アッバース朝(七五〇～一二五八年)　ウマイヤ朝を倒して、ムハンマドの叔父であるアッバースの子孫をカリフとして戴いたイスラーム帝国。都はバグダード。現在の中央アジアからモロッコにいたる空間を支配した。

▼司馬光(一〇一九～八六)　北宋の政治家、歴史家。王安石と対立した。神宗《しんそう》の命で『資治通鑑』を編纂。哲宗《てっそう》のとき、旧法党のリーダーとして宰相となるが、その後、病死。

▼『資治通鑑』　紀元前四〇三(周の威烈《いれつ》王の二三)年から、九五九(五代の後周の顕徳《けんとく》六)年までのできごとを年代順に記すという、いわゆる編年体で書かれた歴史書。

の乱」を記録した史書が引用されて残っている。

日本語で書かれた安禄山の伝記には、藤善眞澄《ふじよしますみ》の『安禄山』と『安禄山と楊《よう》貴妃《きひ》――安史の乱前後』がある。ともに安禄山の経歴や唐代前半期の政治・経済・社会の状況、そして突厥の動向にも目を配り、また玄宗《げんそう》▲と楊貴妃▲のラブロマンスをからませて描いたもので、当時の学問水準を反映した優れた啓蒙書である。また、森安孝夫の『シルクロードと唐帝国』は、「安史の乱」を中央ユーラシア史の視点から描いていて、一読に値する。

本書では安禄山とその時代を描くのに、思い切って玄宗・楊貴妃のエピソードを省き、また唐国内のようすも必要最低限の記述にしようと思う。それにかわって、ユーラシア東部地域のうち、北中国、モンゴリア、マンチュリアという空間に視点を定め、この歴史空間でなにが起きたのか、それが安禄山および「安史の乱」とどのようにかかわっていったのかという点を重点的に描いていきたい。また「安史の乱」に関する最新の研究成果と一九八〇年代以降新たに公表されてきた石刻史料を利用し、そこから明らかになった新しい事実を踏まえ、安禄山の事績と彼を取り巻いた時代を語っていくこととしよう。

▼**玄宗**（在位七一二〜七五六）　唐の第六代皇帝。六八五年に睿宗《えいそう》の第三子として誕生。諱《いみな》は隆基《りゅうき》。七一〇年、クーデタにより韋后《いこう》一派を倒し、父を擁立した。皇帝即位後、政治的混乱を収拾し、国内政治を安定させ、「開元の治」と呼ばれる盛期を現出させた。治世の後半は政治に倦み、楊貴妃を寵愛し、李林甫《りりんぽ》らの専権をまねいた。七六二年に病死。

▼**楊貴妃**（七一九〜七五六）　玄宗の寵妃。「安史の乱」で長安が陥落する寸前、玄宗とともに四川へ逃亡するが、途中で兵士に殺害される。

①―安禄山の誕生とその時代背景

ソグド人と突厥人の子

　安禄山が生まれた年は、じつはよくわからない。安禄山の生年を記した史料が存在しないからである。なくなった年齢はというと、『旧唐書』『資治通鑑』はなにも語らないが、『新唐書』には「年五十余」とあり、『安禄山事迹』には「年五十五」で暗殺されたと記されている。ここから『安禄山事迹』にもとづく七〇三(長安三)年誕生説と、おそらく『新唐書』にもとづく七〇五(神竜《しんりょう》元)年誕生説がそれぞれ唱えられている。『安禄山事迹』を著わした姚汝能《ようじょのう》▲は、安禄山のなくなった日時を記していたと思われる「安禄山墓誌《ぼし》」▲をみていた可能性があるので、本書では七〇三年説をとりたい。

　安禄山は、ソグド人の父と突厥人の母との間に生まれた。「安」という姓は、彼の母が再婚した相手のものであり、実の父親は「康」姓であったと伝えられる。ただし名前はわからない。「康」や「安」という姓はもともと漢人《かんじん》にはないもので、ソグド人が漢字文化圏で名乗ったものである。

▼姚汝能（生没年不詳）　「安史の乱」前後の人と思われる。おそらく「乱」後に華陰県尉《かいんけんい》であった。華陰は潼関《どうかん》の西にあり、ここで安禄山に関する情報を多く手にいれたと思われる。

▼墓誌　なくなった人物の生前の事績を石板に刻し、死者とともに墓にいれ埋葬したもの。墓誌の記述から、正史などの公式な記録に残らなかった当時の人々のようすをうかがい知ることができるため、歴史研究のうえで重要な史料として注目されている。ちなみに安禄山の墓誌はいまのところみつかっていない。

ソグド人とは、中央アジアのアム川とシル川にはさまれた地域のうち、ザラフシャン川の流域(ソグディアナ)に住んでいたイラン系の種族で、その容貌《かおかたち》は鼻は高く彫りが深く、ひげは濃いという西ユーラシア人の特徴をもっていた。ソグディアナは、現在のウズベキスタン共和国東部とタジキスタン共和国の一部を含む地域で、ここには、古くからサマルカンドやブハラ、タシュケントなどの現在も残るオアシス都市が栄えていた。

　ソグディアナのオアシス都市では灌漑農耕がおこなわれていた。しかし、利用できる水量がかぎられ、耕地面積の拡大や穀物の生産には限度があったため、過剰な人口は都市の外へでていき、これがソグド人の交易活動につながったという説がある。この説には検討の余地があるが、ただ、ソグディアナはユーラシア大陸のほぼ中央に位置しており、このような地理的条件が、ソグド人が商人として活躍するのに有利に働いたことはまちがいない。

　ソグド人の東方への進出は古く、文字史料上では後漢《ごかん》▲王朝とソグドとの間に通交関係があったことを確認できる。西晋《せいしん》▲の頃になると、ソグド人は河西回廊の敦煌《とんこう》・酒泉《しゅせん》・張掖《ちょうえき》・武威《ぶい》といった城市《まち》にベースキャンプをおき、中国本土

▼**後漢**(二五〜二二〇年)　南陽《なんよう》の豪族であった劉秀《りゅうしゅう》が、ほかの豪族と連合して建てた王朝。都は洛陽。外《がい》戚《せき》、宦官《かんがん》により政治が乱れ、黄巾《こうきん》の乱の勃発をきっかけに国内は混乱し、やがて曹操《そうそう》・曹丕《そうひ》父子によって奪われる。西域《さいいき》にも進出し、班超《はんちょう》が西域都護《とご》となって統治にあたる。このとき、ソグディアナのオアシス都市から朝貢の使節がきたと思われる。

▼**西晋**(二六五〜三一六年)　司馬《しば》炎《えん》が魏より禅譲《ぜんじょう》を受けて建てた王朝。都は洛陽。宗室《そうしつ》内での権力争いから八王《はちおう》の乱(二九一〜三〇六年)が起こり、西晋王朝は弱体化する。さらにこのとき、宗室に利用された匈奴の劉淵《りゅうえん》により滅ぼされる(永嘉《えいか》の乱)。

●――**ソグド商人**　ペンジケント遺跡（タジキスタン）のバザール近くの住居址から出土した壁画。七〇〇年頃のもの。ベルトに黒い財布をぶらさげている。サンクトペテルブルク、エルミタージュ美術館所蔵。

●――**ソグディアナ**

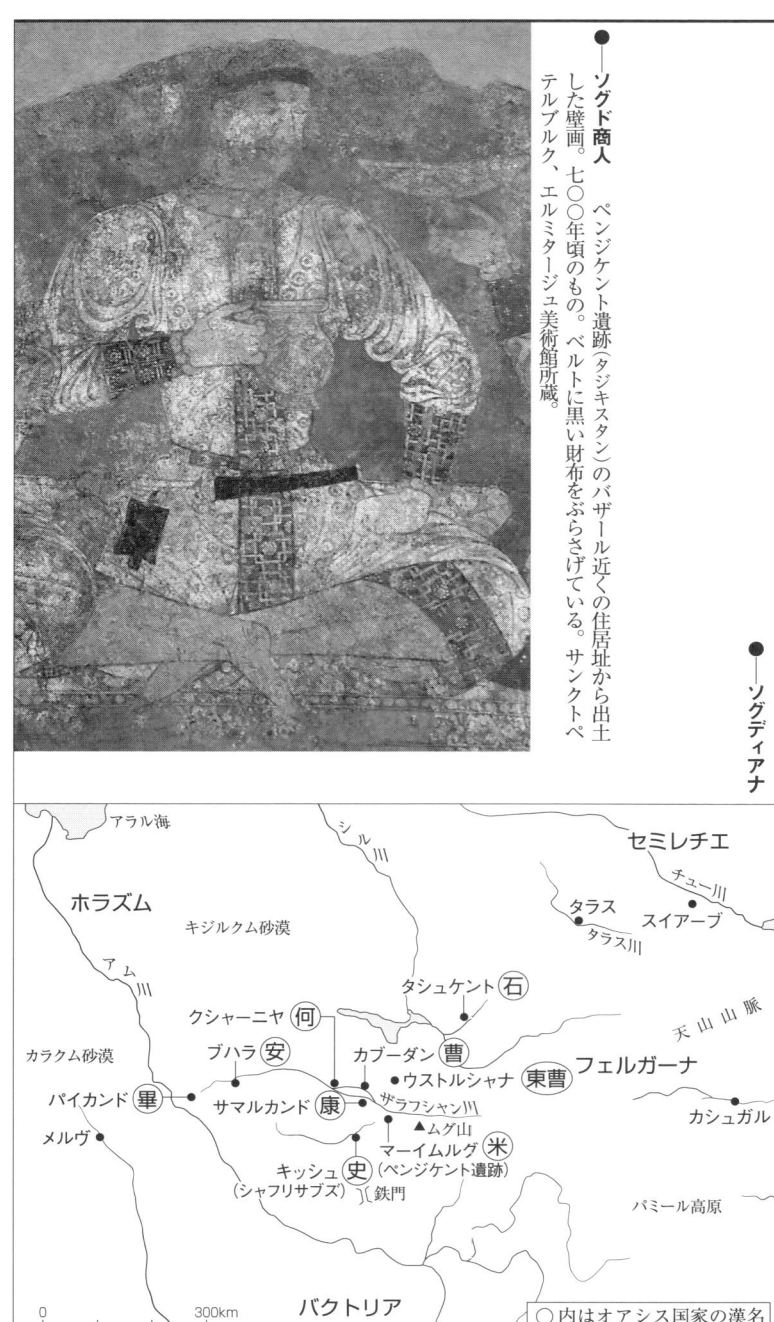

（中原）との交易活動をおこなっていた。北魏《ほくぎ》▲から北斉《ほくせい》▲・北周《ほくしゅう》▲の時代になると、これらの王朝内で商業活動をおこなうソグド人のみならず、これらの王朝の外交活動に従事し、また軍人として活躍するソグド人の姿をみることができる。この頃から中国本土で活動するソグド人は、漢字名で記録が残るようになる。そのソグド人がおびた姓が「康」や「安」であった。

一般に「康」はサマルカンド出身、「安」はブハラ出身のソグド人が名乗った姓といわれる。このほかにもタシュケントの「石《せき》」、キッシュの「史《し》」、クシャーニヤの「何《か》」、カブーダンの「曹《そう》」、マーイムルグの「米《べい》」、パイカンドの「畢《ひつ》」など、出身地のオアシス都市の名に対応する姓があった。これらをソグド姓と呼んでおこう。

安禄山は、もとの名を「軋犖山《あつらくさん》（阿犖山《あらくさん》）」といった。彼が「禄山」と名乗ったのは、唐へ亡命したのちのことだ。おそらく漢人の習慣に従って、二文字に改称したのだろう。「禄山」は「アレクサンドロス」の音訳と説明されることもあるが、現在ではソグド語で「明るい」を意味するrwxšn（ロクシャン）の音転写であることが定説となっている。

▼**北魏**（三八六～五三四年）　鮮卑《せんぴ》の拓跋《たくばつ》氏が建国した王朝。はじめ平城《へいじょう》（山西省大同《だいどう》）を都としたが、孝文帝《こうぶんてい》のときに洛陽へ遷都し、漢化政策を推し進めた。やがて、それが原因となって六鎮《りくちん》の乱が起き、東西に分裂した。

▼**北斉**（五五〇～五七七年）　高歓《こうかん》の息子の高洋《こうよう》が東魏《とうぎ》から禅譲を受けた王朝。鄴《ぎょう》を都とし、北中国の東部を統治した。

▼**北周**（五五七～五八一年）　宇文《うぶん》泰《たい》の三男の宇文覚《うぶんかく》が西魏から禅譲を受けた王朝。長安を都とし、当初は北中国の西部を統治した。五七七年に北斉を滅ぼし、北中国を統一した。

安禄山の母と彼の出生については、つぎのような神秘めいた逸話が伝わっている。

> 安禄山の母は阿史徳《あしとく》氏▲といい、突厥の巫《シャーマン》であった。子どものいなかった彼女が、突厥の戦いの神である「軋犖山」に祈ったところ、神がそれに感応して安禄山が生まれた。その夜、赤光《あかいひかり》があたりを照らし、動物たちはいっせいに鳴き声をあげた。気を見て占う術師は、妖星《ようせい》が光り輝きながら、その穹廬《きゅうろ》に落ちるのを見た。（『安禄山事迹』）

阿史徳は、阿史那とともに突厥可汗国を構成する有力氏族であり、また突厥の君主である可汗《カガン》の夫人（可敦《カトン》）を出す家柄でもあった。突厥とは、当時、モンゴリアに住んでいたトルコ系の遊牧民である。その容貌は私たち日本人と似ており、多くは東ユーラシア人の特徴をもっていた。安禄山の母がシャーマンであったということは、シャーマニズムの信仰者であった突厥の民の尊敬と崇拝を受けていたことを意味する。つまり、阿史徳の血を引き、シャーマンの子である安禄山は、「俗」的権力と「聖」的権威をあわせもつ存在であったというのだ。後年、安禄山は遊牧諸部族のリーダーになるが、そのさい、この逸話は

▼阿史徳氏　古代中国においては、女性の名は伝わらず、安禄山の母の名も不詳。そこで姓＋氏のかたちで表現される。阿史徳は氏族名であり、また姓でもある。

安禄山関連図

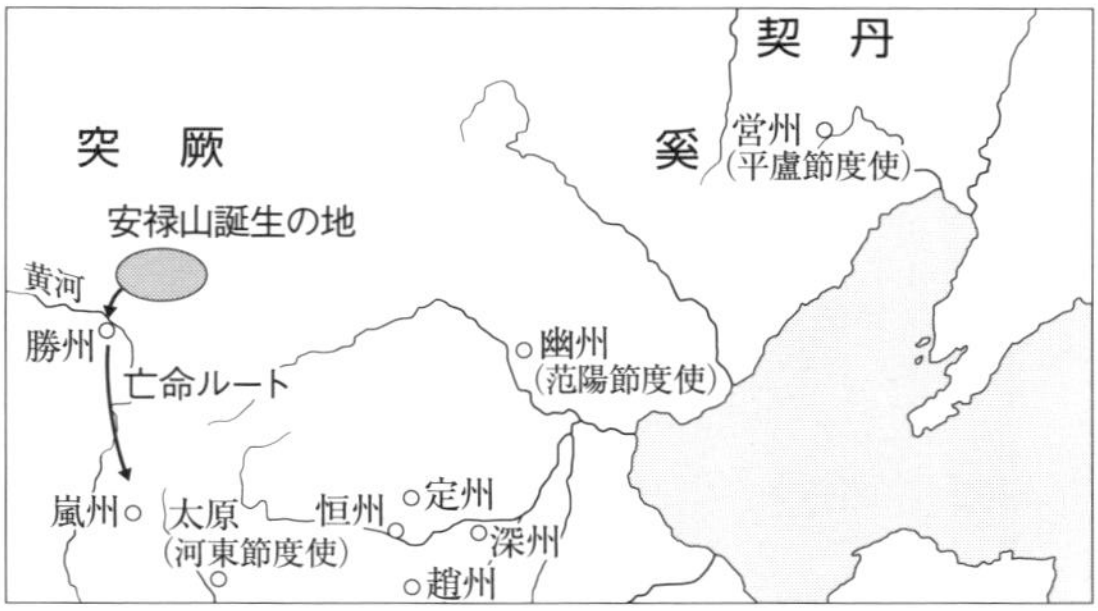

安禄山の権威を支えるものとして機能したのだろう。また、妖星が落ちた「穹廬」とは、騎馬遊牧民が住む円形テントのことであり、安禄山が生まれた場所が、草原世界であったことを示唆している。

誕生の地をめぐって

安禄山が誕生した場所については、営州《えいしゅう》説とモンゴリア説がある。営州説の根拠は、史書に「安禄山は営州柳城《りゅうじょう》の雑種胡人《ざっしゅこじん》である」（『旧唐書』）と書かれていることによるのだろう。営州は、現在の遼寧省《りょうねい》朝陽市《ちょうよう》にあたり、柳城は営州におかれた県名である。「雑種胡人」とは、異なった種族の血を引く「胡《ソグド》人《じん》」という意味で、ソグドと突厥の血を引いていることを指している。

しかし、筆者は、安禄山は営州で生まれたのではないと考えている。安禄山が「営州の人」と名乗ったのは、当時の漢人の習慣に従ったにすぎない。その習慣とは、本貫《ほんがん》（本籍地）を名乗って自分がどこのどの氏族集団に属しているのかを示すというものである。漢人ではない安禄山には、そのような習慣はなかったはずであるが、後年、唐の社会で成長するにおよんで、その習慣を取り入れたのだろう。

　では、安禄山が営州を本貫としたのはなぜか。営州は、もともと唐が統治していたが、七世紀の終わりに契丹が「反乱」を起こし、その実効支配下にはいっていた。その後、七一四(開元《かいげん》二)年から七一六年にかけて、契丹と奚《けい》▲が帰順してきたので、マンチュリア方面での唐の統治が復活し、七一七(開元五)年に営州がふたたびおかれることとなった。このとき、ソグド商人が営州に進出している。安禄山が幽州節度使下の軍人として活動した時代(八世紀前半)には、営州にソグド人が植民聚落《コロニー》をつくりあげていたのだ。つまり、ソグド人の血を引く安禄山は、ソグド人コロニーのある営州に自分の出自を仮託したと考えることができる。

　ところで筆者は、安禄山が生まれたのは七〇三年と考えている。このときの営州は、まだ契丹の支配下にあり、ソグド人コロニーは存在していなかった。この頃の契丹は突厥に従属していたので、たしかに営州には、突厥の可汗のもとから派遣されたトゥドゥン(貢納徴集官)がいただろう。しかし、モンゴリアから営州に突厥人やソグド人が大量に移住していて、そこで安禄山が生まれた

▼奚　現在の中国内モンゴル自治区東部のラオハムレン流域にいた遊牧民。種族系統は不詳。中国の史書では、西晋時代から「庫莫奚《こばくけい》」の名で登場する。隋のときには奚と呼ばれる。唐代では、契丹とともに「両《りょう》蕃《ばん》」と称せられる。その一部は唐初に帰順し、唐朝から饒楽《じょうらく》都督府に羈縻せられた。契丹と「同類異種」と史書に記録される。

とは考えにくい。

　このような理由から、筆者は安禄山の誕生の地を営州ではなく、突厥人とソグド人とがともに住んでいたモンゴリアと考えている。あとで述べるように、安禄山は開元年間(七一三～七四一年)の初め、突厥の内紛のため唐へ亡命するが、その地は山西省の北部であった。とすれば、その直前に安禄山が住んでいたのは、そこに隣接する南モンゴルと考えるのが妥当だろう。

モンゴリアにおけるソグド人

　そうならば、八世紀の初めのモンゴリアに、本来、中央アジアのソグディアナの住民であるソグド人が住んでいたのはなぜだろうか。少し長くなるが、その歴史的背景を突厥の歴史とあわせてみていこう。

　話は遡るが、六世紀半ばから七世紀前半にかけて、モンゴリアにはトルコ系の突厥第一可汗国があった。突厥は阿史那と阿史徳という二つの氏族が中核となり、そこにトルコ系や非トルコ系の遊牧諸部族が付き従う部族連合国家であった。また、そのなかにはソグド人もいろいろなかたちでかかわっていた。

▼**李淵**(高祖、在位六一八～六二六)　唐の初代皇帝。五六六五年に誕生。父は李昞《りへい》、母は独孤信《どっこしん》の第四女。独孤信の第七女が隋の文帝《ぶんてい》(楊堅《ようけん》)の皇后であった。すなわち、隋の煬帝《ようだい》とは従兄弟の関係である。李淵は文帝からあつく信頼されたが、煬帝からは冷遇され、太原留守《りゅうしゅ》となっていた。隋末の混乱のなか、次子の李世民《りせいみん》に挙兵を勧められ、ついに唐を建国する。「玄武門の変」後、皇位を次子の李世民にゆずり、六三五年に没した。

▼**隋**(五八一～六一八年)　楊堅が北周から禅譲を受けた王朝。五八九年には南朝の陳《ちん》を併合し、中国を統一した。都は大興城(唐の長安)。

▼**始畢可汗**(在位六〇九～六一九)　突厥の第十二代可汗で、啓民《けいみん》可汗の子。生年は不詳。彼の治世で大可汗の権力・権威が強化されたようであり、六一五年に隋の煬帝を雁門《がんもん》(山西省)で包囲し、隋への朝貢を停止したのはそのあらわれである。

例えば、のちに唐を建国する李淵《りえん》（高祖《こうそ》）が隋を倒そうとして突厥に軍事上の支援を求めてきたさい、突厥の始畢《しひつ》可汗が李淵のもとへ派遣した使者は、サマルカンド出身の康稍利《こうしょうり》というソグド人であった。また、唐の建国後、太原《たいげん》にいた唐の地方官と突厥との間でトラブルが生じたさい、突厥の処羅《しょら》可汗はカブーダン出身の曹般陁《そうはんだ》というソグド人を唐に派遣して外交工作をおこない、この太原の地方官を排除したことがある。ちなみに「般陁」は「僕《しもべ》」を意味するソグド語のβntk（ヴァンダク）の音転写である。さらに、康蘇密《こうそみつ》というソグド人は頡《けつ》利《り》可汗が親しくしていた者であり、六三〇年に突厥第一可汗国が滅んだとき、突厥に亡命していた隋の王室の生き残りを引きつれて、唐へ帰順してきている。頡利可汗は、この康蘇密をはじめとする多くのソグド人をブレーンとしても重用していた。ただ、そのため、可汗のまわりから退けられた突厥人の不満が増大し、これが第一可汗国の崩壊の一因となったといわれている。このほかにも、突厥にはかなりのソグド人がいた。史書には「胡部《こぶ》」というソグド人の集団を、頡利可汗の一族である統特勒《トンテギン》が統率していたと記されている。ちなみにこの「胡部」は、こののち、約三〇〇年以上にわたって、東ユーラシアの歴史に大

▼処羅可汗（在位六一九～六二〇）　突厥の第十三代可汗で、啓民可汗の子。生年は不詳。短期間で急死した。妻は隋の皇室の義成公主《ぎせいこうしゅ》。隋末の混乱のなか、隋の皇室の楊政道《ようせいどう》をむかえいれ、これを隋王として処遇した。

▼頡利可汗（在位六二〇～六三〇）　啓民可汗の第三子で、突厥第一可汗国の最後の可汗。唐朝が「玄武門《げんぶもん》の変」で混乱した状態にあったとき、長安の北を流れる渭水《いすい》にかかる便橋《べんきょう》まで軍を進め、唐と和約を結んだ。六三〇（貞観《じょうがん》四）年、唐へ降伏し、六三四年に長安でなくなった。

▼統特勒（生没年不詳）　「統」は、「第一の／最初の」を意味する古代トルコ語の ton/tun の音転写。「特勒」は阿史那の王子に付与される称号なので、統特勒は阿史那一族であるが、それ以上のことはわからない。

●突厥可汗国系図

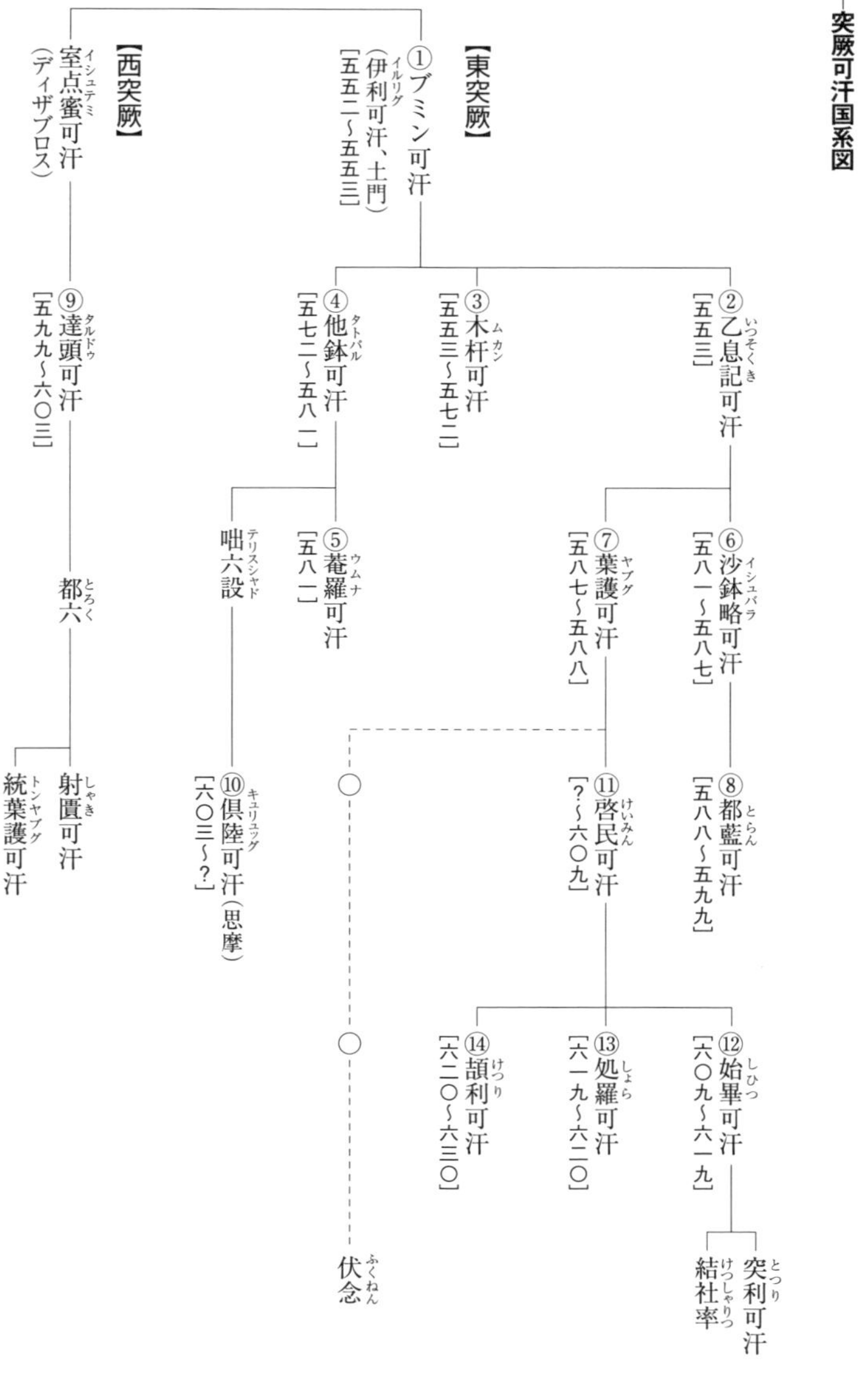

○内数字は大可汗の即位順，［　］内西暦年は在位期間
ルビ　原音の判明するものはカタカナ，原音不明なものは平仮名
---　推定復元の系譜

●—**定襄都督府遺址**（内モンゴル自治区ホリンゴル）　土城子遺址と呼ばれている。ここに単于都護府もおかれた。

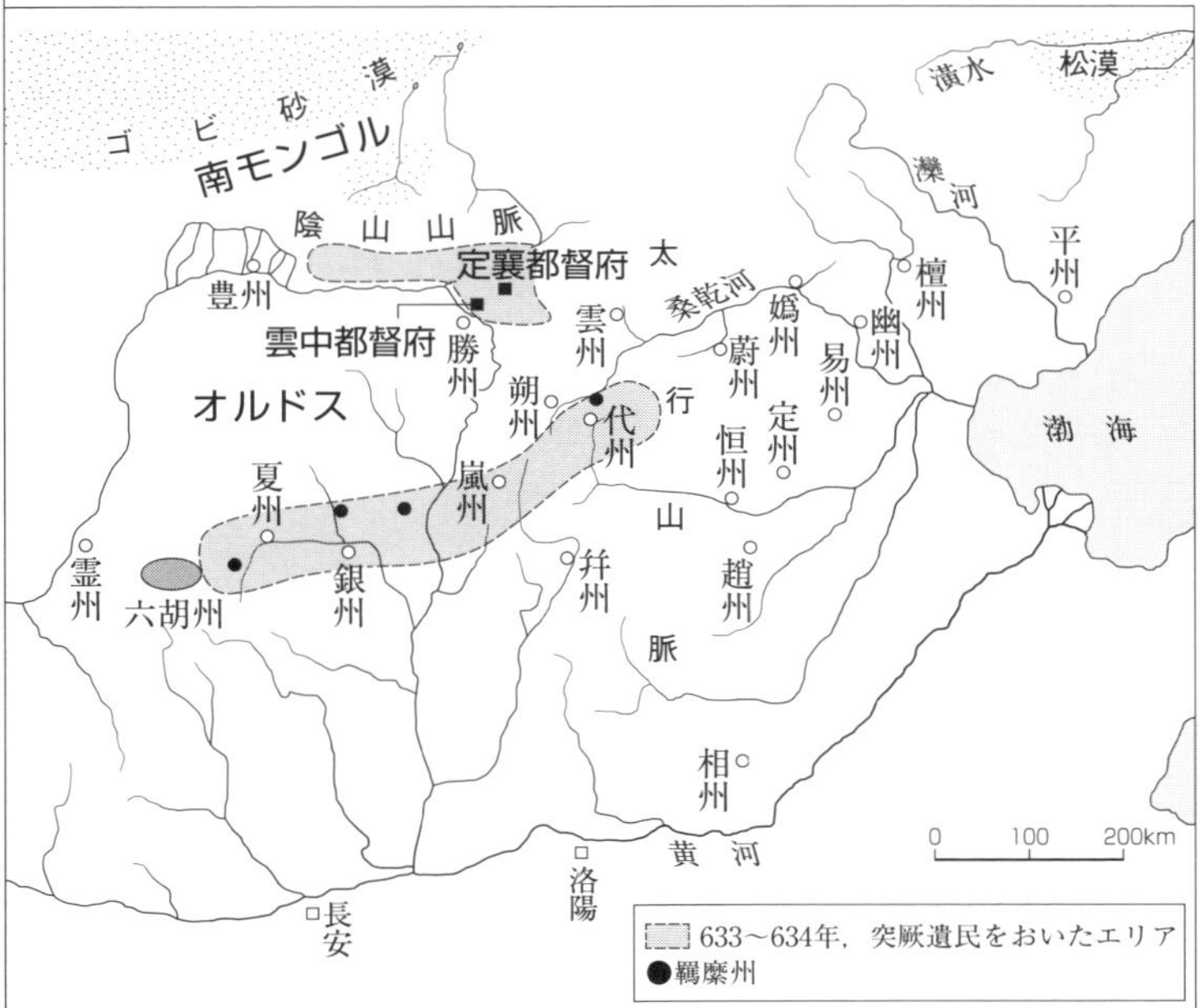

注 1）定襄・雲中都督府の 6 州の所在地は不明。
注 2）649 年の 11 州再編成も，おおむねこのエリアにおかれたのだろう。

●—**突厥遺民を羈縻したエリア**

きくかかわっていくこととなる。

このような突厥のなかにいたソグド人は、もとはモンゴリアへやってきたソグド商人たちだったのだろう。ソグド人はその能力や知識を買われて突厥に重用され、そのままモンゴリアに住みついたのである。突厥がソグド人を重用したのは、当時、ソグド語が中央ユーラシアにおける共通語《リンガ・フランカ》となっていて、ソグド人のネットワークをつうじてえられる情報は政治上や外交上の判断をくだすときに、非常に有益であったからである。またソグド人の高度な文字文化は、当時まだ自身の文字をもっていなかった突厥にとって、その支配力を強固なものにする行政の手段として必要なものであったことも、その理由である。

突厥の滅亡

南モンゴル（漠南《ばくなん》）▲を拠点としていた突厥の頡利可汗は、ほとんど毎年のごとく唐を攻撃したので、唐にとってこれは解決しなければならない重大な課題であった。しかし、李淵はこの問題に対し消極的で、六二四（武徳《ぶとく》七）年に突厥がオルドスに攻めてきたときには、長安を放棄するという遷都論まで浮上するあ

▼**漠南**　モンゴリアのうち、ゴビ砂漠以南を指す中国の伝統的呼称。およそ現在の中国内モンゴル自治区に相当する。本書では「南モンゴル」と呼ぶ。

▼**「玄武門の変」**　六二六（武徳九）年六月、李世民が、長安の宮城北門の玄武門で皇太子の李建成《けんせい》と弟の李元吉《げんきつ》を殺害した政変。同年八月、李世民は高祖・李淵より譲位された。

▼**李世民**（太宗、在位六二六〜六四九）　唐の第二代皇帝。李淵の次男として五九八年に誕生。李淵を助け、唐を建国。即位後、東突厥を滅ぼし、鉄勒《てつろく》諸部から「天可汗《てんカガン》」の称号をたてまつられた。名君と称され、その治世は「貞観の治」と呼ばれる。

▼**漠北**　モンゴリアのうち、ゴビ砂漠の北側を指す中国の伝統的呼称。ほぼモンゴル国に相当する。本書では「北モンゴル」と呼ぶ。

りさまであった。一方、「玄武門の変▲」で王権を奪った李世民(太宗《たいそう》▲)は積極策をとった。六三〇(貞観四)年、唐は突厥の内紛や大冷害にともなうダメージの隙をついて攻撃し、ついにこれを滅ぼすことに成功した。そして、頡利可汗は捕虜となり、突厥の王族たちも唐の支配に屈し、長安へ到来して官品を与えられるにいたった。王族以外の突厥の遺民は、北モンゴル(漠北《ばくほく》▲)で勢力を伸ばしていたトルコ系の薛延陀《せつえんだ》▲や天山方面にいた西突厥▲に逃れる者もいたが、多くは唐へ帰順し、その数は一〇余万人にもおよんだ。突厥以外の諸部族や、突厥に亡命していた北周や隋に関係する漢人をあわせると、一二〇万人ともいわれる。

ところで、唐朝は帰順してきた非漢人を、彼ら固有の社会に根ざすもとの組織のまま受け入れ、その首領に都督《ととく》▲や刺史《しし》▲といった唐の官職を与え、それに従う部族や氏族を間接的に統治しようとした。これを羈縻《きび》政策という。「羈」は馬にかける手綱、「縻」は牛を引く綱を意味し、そこから「羈縻」は「つなぎとめる」という意味になる。

突厥遺民をどう処遇するかは、唐の朝廷内で数年かけて議論され、その結果、六三三(貞観七)年から翌年に、最終の処置が決まった。唐朝は、頡利可汗らと

▼薛延陀　トルコ系部族。六二九(貞観三)年、その首領の夷男《いなん》が唐の太宗から真珠毗伽《インチュビルゲ》可汗に冊立され、モンゴリアで独自の勢力を築きあげた。六四六(貞観二十)年、唐の討伐を受けて滅亡した。

▼西突厥　東西分裂後、アルタイ山脈の西から中央アジアによった勢力。天山山脈のユルドゥズ渓谷に根拠地をおいたが、七世紀前半にスイアーブに移した。西突厥は阿史那氏の支配のもと、一〇の氏族から構成されており、漢文史料では「十姓」、突厥碑文では「オン・オク(一〇本の矢)」と呼ばれた。のちにその支配者はテュルギッシュ、さらにカルルクにかわり、名実ともに西突厥は滅亡した。

▼都督・刺史　都督は地方の要地におかれた都督府の長官。刺史は州の長官。都督府は州より規模が大きく、数州の軍政を統べた。羈縻体制下にも都督府や州がおかれた。

ともにくだってきた突厥遺民を、黄河の大屈曲部のオルドス東部から代北《だいほく》(山西省北部)においた四つの羈縻州に分けて統治し、これとは別に、もともと突厥の可汗の本拠があった南モンゴルに残っていた遺民を六つの羈縻州に分けて、定襄《ていじょう》都督府(内モンゴル自治区和林格爾《ホリンゴル》県)と雲中《うんちゅう》都督府(内モンゴル自治区托克《トク》托《ト》県)の二つの羈縻府に分属させた。

突厥に従属していたソグド人は、すでに六三〇年に康蘇《こうそ》が北安《ほくあん》州都督となり、唐の羈縻支配を受けていた。康蘇はサマルカンド出身のソグド人、あるいは頡利可汗が親しくした康蘇密と同一人物かもしれない。唐以前の北朝や隋の領域内でみられたソグド人のコロニーは、薩保《さっぽう》▲という官職をもったソグド人が管轄していた。そのような事例から想像すると、康蘇が長官である北安州も、突厥遺民のうちのソグド人たちをおいたものと考えていいだろう。

唐の羈縻支配から突厥の復興へ

唐に服属した突厥であるが、そのなかでオルドスにいた突厥遺民はしだいに力を蓄えはじめていた。そして、それを背景として、突如、事件が起こった。

昭陵　唐の太宗の墓陵。陝西省醴《れい》泉《せん》県にある九嵕《きゅうそう》山を利用して造営されている。

▼薩保　キャラヴァン隊のリーダーを意味するソグド語 s'rtp'w(サルトパウ)の音転写。「薩甫」「薩宝」とも書く。

六三九(貞観十三)年四月、太宗が離宮の九成宮《きゅうせいきゅう》(陝西省麟游《りんゆう》県)に行幸したとき、太宗に随行していた突厥可汗の直系である結社率《けっしゃりつ》が「反乱」し、太宗の寝所近くまで侵入したのである。

この「反乱」はただちに阻止されたが、唐朝に与えた衝撃は大きかった。唐朝は、勢力を回復してきた突厥を、長安の北方に位置するオルドスにおくことは危険であると判断し、六三九年八月に突厥王族の一人である阿史那思摩《しま》▲を可汗に任じ、オルドスにいた突厥やソグド人を率い黄河の北、南モンゴルの突厥の故地へもどさせたのである。これには、唐朝のもう一つのねらいもあった。それは、突厥滅亡後、北モンゴルで独自の支配圏をつくりあげていた薛延陀を牽制することだった。

これに対して薛延陀は、唐が建てたこの阿史那思摩の傀儡《かいらい》政権を警戒し、これを攻撃して圧迫を加えた。また、阿史那思摩は、黄河の北へもどった突厥の民の間で生じた争いを調停できず、統率に失敗してしまう。そのため、六四三(貞観十七)年には、阿史那思摩は可汗の任務を放棄し、彼に付き従う突厥の民とともに黄河を南にわたって、オルドスの勝州《しょう》(内モンゴル自治区准格爾旗《ジュンガル》)と

▼阿史那思摩(五八三〜六四七)
突厥の可汗一族。第一可汗国の他鉢可汗の孫にあたる。その容貌は、ソグド人のようであったといわれる。六〇三年、達頭可汗が鉄勒諸部に背かれ逃亡して突厥が混乱したとき、俱陸可汗として即位する。その後、啓民可汗に破れ、一時隋朝に囚《とら》われることとなる。のちに煬帝に許され突厥に帰り、始畢可汗・頡利可汗に仕える。第一可汗国滅亡のさい、最後まで頡利可汗と同道し、太宗から嘉《よみ》された。死後、太宗の墓陵の昭陵に陪葬された。

夏州《か》（陝西省靖辺県《せいへん》）の間にとどまることを太宗に願いでて許された。

この混乱した状態は、六四六（貞観二十）年から六四九（貞観二十三）年にかけて、立て直されていく。まず、六四六年に唐が薛延陀を滅ぼし、翌年、北モンゴルに六つの羈縻府と七つの羈縻州をおいて、薛延陀に服属していたトルコ系諸族（鉄勒諸部）を統治し、これらを統括する燕然《えんぜん》都護府をおいた。ついで、六四九年に未着手だった南モンゴルからオルドスにいた突厥遺民を一一の羈縻州に分け、それを定襄・雲中両都督府に分属させたのである。このとき、唐朝は、定襄都督に阿史徳氏の族長を、雲中都督に舎利《しゃり》氏の族長をあて、可汗一族の阿史那氏を都督に任命せず、雲中都督の管轄下においた。これは、唐朝が突厥の復興を恐れたためだろう。その後、六六四（麟徳《りんとく》元）年には、唐朝は単于《ぜんう》都護府をおき、漢人を都護としてこの両都督府を管轄した。この唐朝による突厥の羈縻支配は三〇年におよんだ。しかし、その水面下では、ふたたび突厥遺民の独立する気運がしだいに高まっていた。

六七九（調露《ちょうろ》元）年、単于都護府のもとの阿史徳温傅《おんふ》と阿史徳奉職《ほうしょく》がその部衆を率い、阿史那の一族である泥熟匐《でいじゅくふく》という人物を可汗に立てて独立運動を起こ

▼鉄勒　トルコ系遊牧部族・氏族の総称。「鉄勒」も突厥と同じくTürk（テュルク＝トルコ）の音転写。『旧唐書』巻一九九・下「鉄勒伝」は、薛延陀・契苾《けいひつ》・廻紇《ウイグル》・都播《とばん》・骨利幹《クリカン》・多覽葛《たらんかつ》・僕骨《ボクトウ》・抜野古《バヤルク》・同羅《トングラ》・渾《クン》・思結《しけつ》・斛薛《こくせつ》・奚結《けいけつ》・阿跌《エディズ》・白霫《はくしょう》など北モンゴルにいた部族・氏族名を列挙している。

▼都護府　唐の境界域におかれた羈縻政策による上級機関。都督府や羈縻州を統括した。

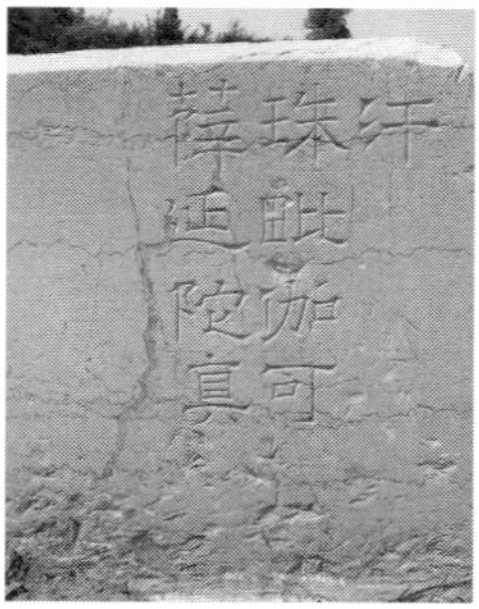

昭陵玄武門遺址にある蕃臣像台座
写真は薛延陀の首領である真珠毗伽可汗像の台座。

●——**唐の夏州城遺址**（陝西省靖辺県）　もとは「五胡十六国」時期の夏国の都である統万城《とうまんじょう》。統万城は、四一三年に赫連勃勃《かくれんぼつぼつ》によって造営された都城。

●——**六胡州の一つ魯《ろ》州遺址**（寧夏回族自治区塩池県）　後代まで使用され、写真は明代の興武衛の城壁である。この城址の東五キロの地点で唐代の六州胡の墓（下写真）が発見され、出土した墓誌の記述から、ここが魯州であることが判明した。

●——**六州胡の墓**（寧夏回族自治区塩池県）　一九八四年に六つの唐代の墓が発見された。そのうちの一つから「何府君墓誌」が出土し、六州胡を埋葬したことがわかった。

単于都護府による羈縻支配

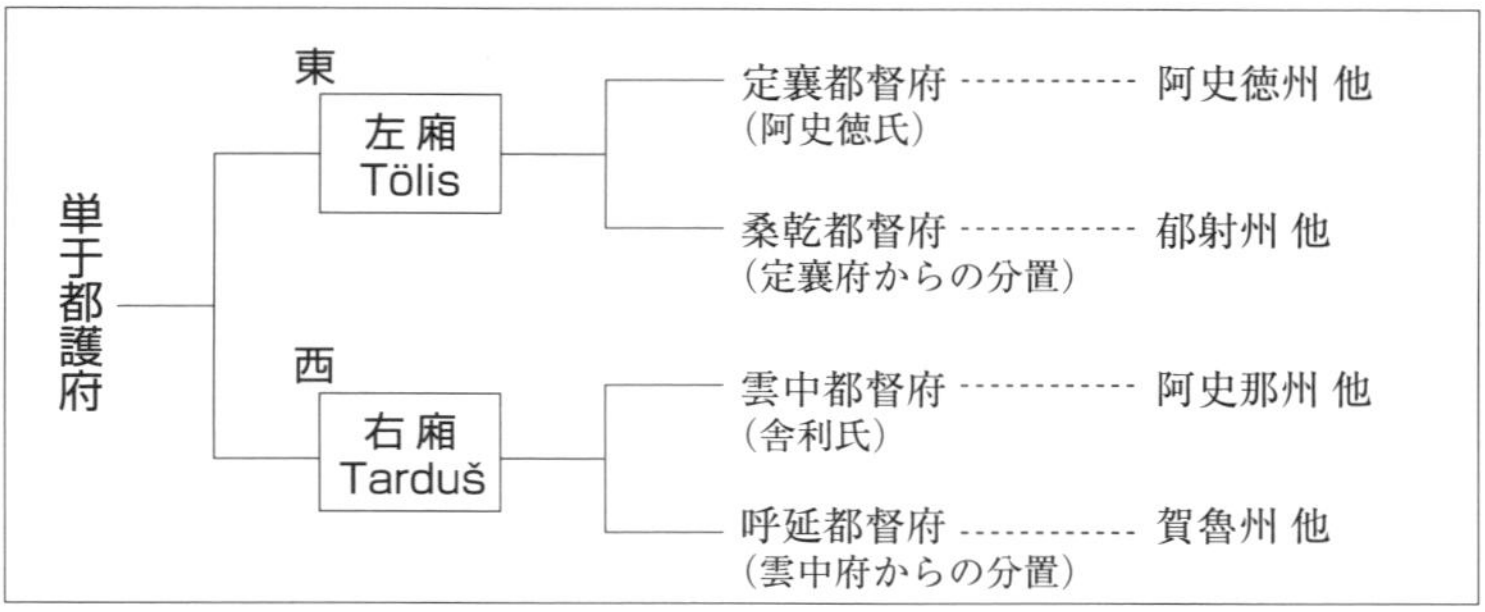

した。しかし翌年、奉職は唐の征討軍に捕縛され、泥熟匐は部下に殺されてしまう。さいわい、この難を逃れた温傅は、夏州にいた阿史那伏念という頡利可汗の従兄弟の子といわれる人物を可汗にむかえ、六八〇(調露二/永隆《えいりゅう》元)年から六八一(永隆二/開耀《かいよう》元)年にかけてこの独立運動を続けていく。しかし、結局のところ、唐朝に鎮圧されてしまった。

唐は、この突厥の独立の動きが起こるとすぐに、突厥遺民の一部を再編成し支配を強化した。六七九年にオルドスの南縁に新たに六つの羈縻州をおいたのである。これを六胡州《ろくこしゅう》という。この六胡州の構成員は、じつはソグド人であった。というのは、六胡州の住民は「六州胡《ろくしゅうこ》」と呼ばれており、「胡」とはソグド人を意味するからだ。このことは、古代トルコ語で書かれた突厥碑文が、この住民を「altï čub soγdaq(六州のソグド人)」と記していることからも証明できる。この六州胡の淵源は、もとは突厥第一可汗国にいた「胡部」であろう。筆者は、このソグド人たちは、突厥に従属するうちにその影響を受け、騎馬遊牧民化していったと考えている。一方、彼らはソグド人特有の姓を名乗り、ソグド姓をもつ者の間で婚姻《こんいん》関係を結ぶなど、ソグド人としての意識と結束を保っていた。このなかば突厥化したソグド人を「ソグド系突厥」と呼ぶことにしよう。

しかし、唐朝のこのような羈縻支配の強化も効果がなく、突厥は、三度《みたび》、独立運動を起こす。六八二（永淳《えいじゅん》元）年、阿史那骨咄禄《クトルク》が阿史徳元珍《げんちん》▲（暾欲谷《トニュクク》）とともに陰山《いんざん》山脈によって突厥諸族を糾合し、イルテリシュ可汗▲と称して自立したのである。これを突厥第二可汗国という。

当然この国にも、もともと突厥に従属していたソグド人がいた。つまり、唐による六胡州の設置と第二可汗国の成立とにより、もともと第一可汗国にいたソグド系突厥（胡部）は二分したのだ。このうち第二可汗国の成立にともない、モンゴリアに帰っていったソグド系突厥の子として安禄山は生まれたのである。

▼**阿史徳元珍**（六四五頃?〜七二五頃?）　定襄都督府の阿史徳氏の族長。一時期、長安に「質子《ひとじち》」として滞在したことがある。阿史那骨咄禄を助け、突厥第二可汗国の建国に尽力した。トルコ語名はトニュクク。

▼**イルテリシュ可汗**（在位六八二〜六九一）　突厥第二可汗国初代の可汗。漢字で表記される名は骨咄禄。「骨咄禄」は「天の霊威《クト》をもつ者」の意味。「イルテリシュ」は「諸部族《イル》を集めた」の意味。阿史那の家系に連なる者だが、第一可汗国の頡利可汗の直系ではなく、傍系にあたる。羈縻支配時代、雲中都督の舎利元英《げんえい》の隷下の首領であった。

②—唐における安禄山

安禄山の亡命

さきに述べたように、安禄山の実父は康某《なにがし》という。康某が戦死したのか、あるいはほかに理由があったのかはわからないが、安禄山の母の阿史徳氏は突厥にいたブハラ出身のソグド人である安延偃《あんえんえん》と再婚した。安延偃は「族落《ぞくらく》（一族の聚落）」を率いていたと史料にある。このことから第二可汗国内に安姓のソグド人を首領とする集団が存在し、安延偃はそのソグド人集団の首領であったことがわかる。安延偃の弟は波至《はし》（波注《はちゅう》）といい、波至には思順《しじゅん》と文貞《ぶんてい》（元真《げんしん》）という二人の息子がいた。

安延偃の一族に、唐（則天武后《そくてんぶこう》▲の時期）に仕えた安道買《あんどうばい》という者がいた。彼は平狄軍副使《へいてきぐんふくし》であり、また六九六（万歳通天《ばんざいつうてん》元）年に営州で起きた契丹の「反乱」が河北に波及すると遠征軍の総管《そうかん》の一人となり、六九七（万歳通天二／神功《じんこう》元）年には河北へ出軍している。平狄軍とは、突厥との境域にあった勝州におかれた駐屯軍で、副使はその次官である。彼には息子が二人おり、一人は孝節《こうせつ》とい

▼**則天武后**（在位六九〇〜七〇五）
中国史上、唯一の女性皇帝。六二三年あるいは六二四年に誕生。姓は武、名は曌《しょう》。高宗の皇后であったが、政治の実権を掌握し、周を建国し、自ら聖神皇帝と称して即位した（武周革命）。伝統的な史観では、彼女とつぎの韋皇后《いこうごう》が唐の政治を乱したという意味で「武韋《ぶい》の禍《か》」という。実際のところ、則天武后は科挙官僚を登用し、新興勢力の台頭につながり、また文化事業にも功績があるとされ、再評価されている。

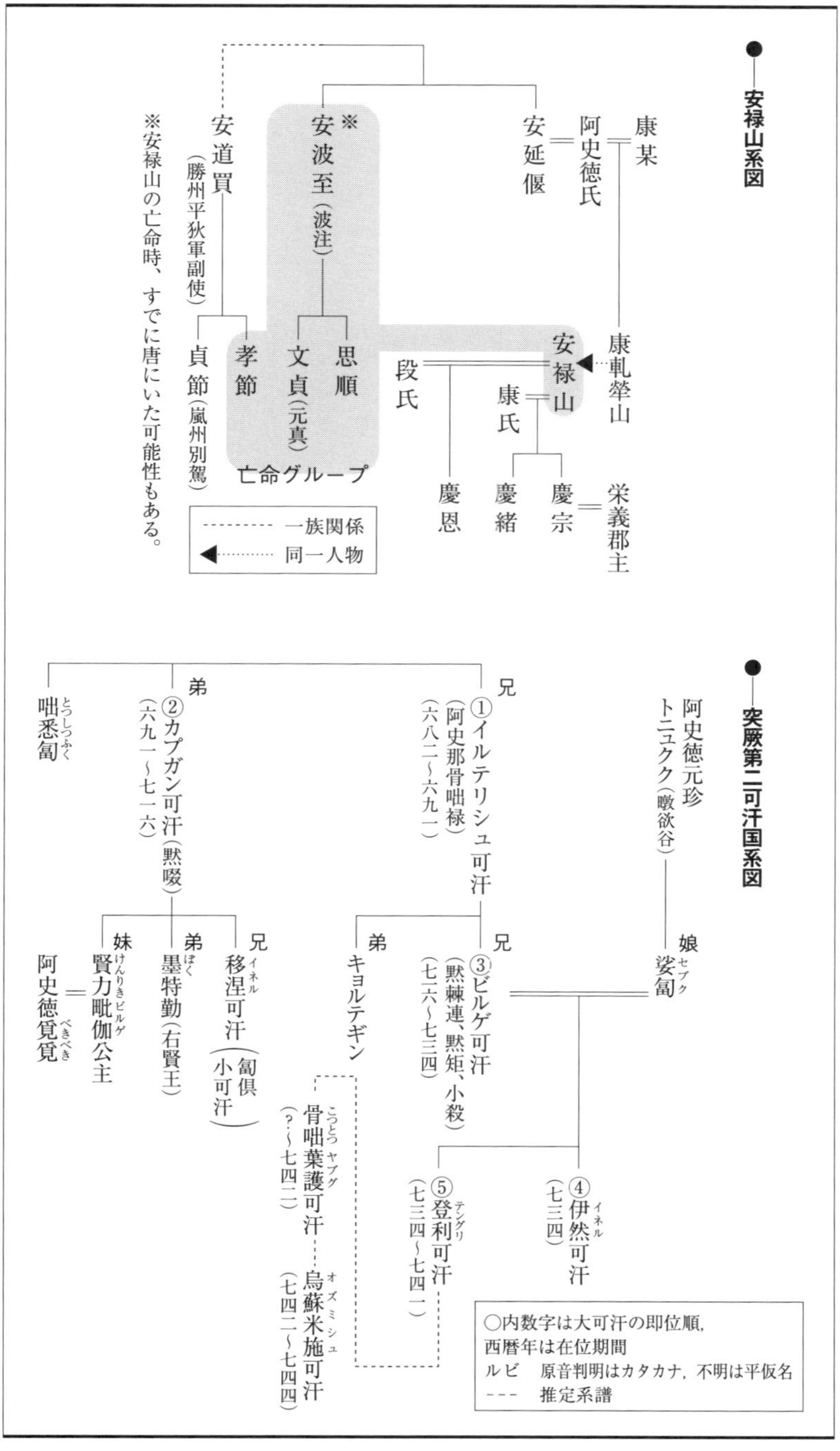
安禄山系図
康某
阿史徳氏
安延偃
安波至（波注）※
安道買（勝州平狄軍副使）
康軋犖山
安禄山
康氏
段氏
栄義郡主
慶宗
慶緒
慶恩
思順
文貞（元真）
孝節
貞節（嵐州別駕）
亡命グループ
※安禄山の亡命時、すでに唐にいた可能性もある。
一族関係
同一人物
突厥第二可汗国系図
阿史徳元珍
トニュクク（暾欲谷）
娘
娑匐《セブク》
兄
①イルテリシュ可汗（阿史那骨咄禄）（六八二～六九一）
弟
②カプガン可汗（默啜）（六九一～七一六）
咄悉匐《とうしつふく》
兄
③ビルゲ可汗（默棘連、默矩、小殺）（七一六～七三四）
弟
キョルテギン
兄
移涅《イネル》可汗（匐俱小可汗）
弟
墨《ぼく》特勤（右賢王）
妹
賢力毗伽《けんりきビルゲ》公主
阿史徳覓覓《べきべき》
④伊然《イネル》可汗（七三四）
⑤登利《テングリ》可汗（七三四～七四一）
骨咄《こつとつ》葉護《ヤブグ》可汗（?～七四二）
烏蘇米施《オズミシュ》可汗（七四二～七四四）
○内数字は大可汗の即位順，
西暦年は在位期間
ルビ　原音判明はカタカナ，不明は平仮名
---　推定系譜

い突厥第二可汗国にいた。もう一人は貞節《ていせつ》といい、突厥との境域にあった嵐《らん》州（山西省嵐県）の別駕《べつが》という職についていた。すなわち唐の役人である。安延偃の一族が、突厥と唐という二つの王権に、同一族から分かれて仕えていたのは、当時ユーラシア全域で活動していたソグド人が危険を回避・分散するためにもっていた「安全保障の伝統」であるという見方があることも付け加えておこう。

さて、安禄山は、七一六（開元四）年頃、安孝節・安思順・安文貞らとともに突厥から唐へ亡命し、嵐州別駕の安貞節のもとへ身を寄せた。このとき安禄山は安思順らと義兄弟の関係を結び、「安」姓を名乗ることとなったという。安禄山が唐へ亡命した理由は、突厥第二可汗国の国内状況と関係がある。さきにみたように、六八二年に突厥はイルテリシュ可汗のもとで復興に成功した。六九一年、イルテリシュ可汗が病死すると、その弟の默啜《もくてつ》がカプガン可汗▲となり、第二可汗国を大きく発展させていく。カプガン可汗の率いる突厥は、繰り返し唐を攻撃するが、七〇六（神竜二）年ころを境に姿をみせなくなる。それは、突厥に服属していた鉄勒諸部族が背反せんとしたので、カプガン可汗がその対応に追われたからだといわれる。

▼**カプガン可汗**（在位六九一～七一六）　突厥第二可汗国の第二代可汗。彼の治世は、突厥第二可汗国の発展期にあたる。その統治期間の約二〇年は則天武后の統治期間とかさなり、両国は対等な関係にあった。

七一六年にカプガン可汗が、突厥に反したトルコ系の抜野固《バヤルク》の討伐戦で戦没すると、突厥では可汗の位をめぐって争いが起こる。その結果、イルテリシュ可汗の子である黙棘連《もくきょくれん》がビルゲ可汗▲として即位し、弟のキョルテギン▲と老臣トニュククを重用する。この混乱のなか、カプガン可汗派の突厥人やソグド系突厥人などが唐へ亡命した。安禄山とその仲間も、このなかにいたのである。

七一六年頃に唐へ亡命した安禄山は、その後、七三三(開元二十一)年頃まで、記録上、その姿をみせない。ところで、ともに亡命した安氏一族のうち、叔父の安波至とその子の思順は河西方面に移動したようである。後年、この父子は河西で軍人として頭角をあらわしているからである。このことから推測すると、安禄山もしばらくの間、彼らと一緒に河西にいたのかもしれない。そしてこの推測を裏づけるものとして、安禄山が自称した本貫をあげることができる。

さきに安禄山は「営州」を本貫と称したと紹介した。ところが、それと異なる史料がある。七四八(天宝七)年に建立された「大唐博陵《はくりょう》郡北嶽恒山《ほくがくこうざん》封安天《あんてんのう》王之銘《をほうずるのめい》」という石碑がそれである。この碑文のなかで、安禄山は自分の本貫を「常楽《じょうらく》」としている。常楽とは、河西回廊にあり唐代には瓜《か》州(甘粛《かんしゅく》省瓜州

▼ビルゲ可汗(在位七一六〜七三四)　突厥第二可汗国の第三代可汗。漢字では黙棘連(黙矩《もくく》)と記される。唐朝とは平和共存の道を選択した。死後、その功績を称えて古代トルコ語で書かれたビルゲ可汗碑が建立された。

▼キョルテギン(六八五〜七三一)　漢字では「闕特勤」と記される。イルテリシュ可汗の子で、ビルゲ可汗の弟。死後、その功績を称えて古代トルコ語で書かれたキョルテギン碑が建立された。

唐の瓜州城遺址(甘粛省瓜州県)
河西回廊西端に位置する城郭都市遺跡。鎖陽城ともよばれる。二〇一四年、世界遺産に登録。

県)がおかれた地である。安禄山が唐へ亡命したあとの一時期、河西にいたと考えると、常楽を本貫として称したのもうなずけよう。ちなみに常楽には、康姓のソグド人聚落が存在した痕跡がある。

やがて安禄山は、活動する場を河北《かほく》へ移す。安禄山はソグド人と突厥人の血を引いていたこと、また、彼が生まれ育った突厥という世界は、モンゴリアやマンチュリア出身のさまざまなエスニックグループがゆきかうハイブリッドな社会であったことから、当時のユーラシア世界で使用されていたソグド語をはじめ、突厥語などのトルコ系諸語、唐語《とうご》(漢語)、奚語、契丹語などの多言語をあやつる能力をもっていた。史書には「六蕃語《ろくばんご》」とか「九蕃語《きゅうばんご》」を理解したと記されている。安禄山はその能力をいかし、河北北部の境界域で諸蕃互市牙郎《しょばんごしがろう》という交易の仲買人のような職についた。交易活動に長けた能力は、ソグド商人がもつ本領である。安禄山が、モンゴリア・マンチュリア・北中国の交界地帯で交易活動に従事していたという事実は、あらためて彼がソグド人であるということを再認識させてくれる。

安禄山が諸蕃互市牙郎であった頃、彼は羊を盗んだことにより捕縛され、幽

●――**トニュクク碑文**　ウランバートルの東南約六〇キロに所在するトニュクク遺跡。

●――**ビルゲ可汗碑**（モンゴル、ホショツァイダム博物館蔵）

●――**キョルテギン像の頭部**（モンゴル科学アカデミー収集品）

州節度使張守珪《ちょうしゅけい》▲の面前に引き出されることとなった。そして、まさに棒で打ち殺されんとしたとき、安禄山は張守珪に向かって、「大夫《あなたさま》は奚と契丹の両蕃を討ち滅ぼしたくないのですか。それなのに壮士《わたし》を殺さんとしている」と大声で叫んだので、張守珪はこれを奇《き》とし、処刑を取りやめたという。あるいは、張守珪に近づかんとして、わざと羊を盗んだのかもしれない。

この事件をきっかけに安禄山は張守珪に用いられ、やがて張守珪のもとで軍人として頭角をあらわしていく。安禄山は契丹の地理につうじていたので、契丹との境域にある営州におかれていた平盧《へいろ》軍に配属され、そこで契丹討伐の功績をあげていった。それによって張守珪の養子(仮子《かし》)となり、優遇されていく。その後、安禄山は平盧軍の兵馬使《へいばし》をへて、七四一(開元二十九)年には営州都督と平盧軍の軍使《ぐんし》(長官)にまでのぼり詰めた。七四二(天宝元)年に幽州節度使から平盧節度使が分離独立すると、彼はついに平盧節度使に任命されるのである。

ところで、安禄山が任じられた節度使とはどのような職なのだろうか。ここで、唐前半期の軍事制度の変転も踏まえて、節度使の成立の経緯をみておこう。

▼**張守珪**(六八四〜七四〇)　唐の軍人。陝《せん》州河北(山西省平陸《へいりく》)の人。騎射が得意で、北庭《ほくてい》・瓜州にあって突厥・吐蕃防衛の任にあたった。七三三(開元二十一)年、幽州長史《ちょうし》に転任し、幽州節度使となって奚・契丹対策の任にあたる。しかし、部下の奚討伐の失敗をかくしていたのが露見し、七三九(開元二十七)年に括《かつ》州(浙江《せっこう》省麗水《れいすい》市)の刺史に左遷され、翌年、背中に悪性の腫れものができて五十七歳でなくなった。

▼**西魏**(五三五〜五五六年)　宇文《うぶん》泰《たい》(五〇五〜五五六)が、孝武帝《こうぶてい》を擁立し、関中の長安に拠って建てた政権。高歓《こうかん》が孝静帝《こうせいてい》を擁して鄴に拠った政権(東魏)に対し、西魏と呼ぶ。西魏において、いわゆる「府兵制」が整えられた。

唐前半期の軍事制度——府兵制と行軍

唐前半期の軍事制度は府兵制という。府兵制の起源は西魏《せいぎ》▲にあり、これが隋に継承されて発展し、さらにこれを受け継いだ唐の初めに完成したといわれる。唐代の府兵制では、徴兵された成人男子は、帝国各地におかれた折衝府《せっしょうふ》で登録され訓練を受けたのち、都の警備や境界域での防衛の任務にあたった。

広大な唐帝国を防衛するために、境界域には鎮《ちん》と戍《じゅ》▲がおかれていた。鎮・戍の数は時代によって異なるが、もっとも整備されたといわれる七世紀後半の高《こう》宗《そう》▲の頃で、鎮が四五〇、戍が五九〇あった。鎮・戍には一つ当たり数十から数百の防人が配備されたので、国防を担った防人の総数は、だいたい十数万人であった。ただ、八世紀前半の玄宗の頃には鎮・戍の数が半減し、府兵制にもとづく境界域での警備の兵力は五万前後に減少していた。

唐は建国にあたり、突厥から援助を受けるなどしたため、高祖のときは外に対して消極政策をとったが、太宗のときから、積極的に外へ打ってでるようになる。まず六三〇(貞観四)年に南モンゴルにあった突厥第一可汗国を滅ぼし、六四〇(貞観十四)年には西へ進出して麴氏《きくし》高昌国▲を討って、ここに西《せい》州(新疆ウ

▼鎮と戍　府兵制下で唐朝の辺境防備のためにおかれた軍の拠点。数百〜五〇〇人規模のものを鎮といい、数十〜五〇人規模のものを戍といった。その長を鎮将・戍主という。

▼高宗(在位六四九〜六八三)　唐の第三代皇帝。太宗(李世民)の第九子として六二八年に誕生。諱は治《ち》。母は長孫氏《ちょうそんし》。太宗の皇太子はもとは承《しょう》乾《けん》であったが、のちに廃され、李治が皇太子となり、太宗が崩ずると、皇位を継承した。高宗のとき、国威は遠くパミール以西にまで広がり、空前の世界帝国を現出せしめた。

▼麴氏高昌国(五〇〇頃〜六四〇年)　現在の新疆ウイグル自治区トゥルファンにあった漢人のオアシス国家。もとは北魏が北涼《ほくりょう》を滅ぼしたとき、その余衆がこの地にあった車師《しゃし》国を滅ぼし、高昌国を建国したのが始まり。麴嘉《きくか》が王位についた以降を麴氏高昌国という。六四〇年、唐の太宗によって滅ぼされ、唐の直轄地となって西州がおかれた。

▼**高句麗**　朝鮮半島北部からマンチュリアにいたツングース系の種族名とその国の名。神話によれば、前三七年に朱蒙《しゅもう》が建国したという。四世紀初め、楽浪郡《らくろう》を攻めとり、四二七年に都を平壌《へいじょう》に定めた。六世紀中頃から百済《くだら》・新羅《しらぎ》の勢力に押されはじめ、六六八年に唐と新羅の連合軍によって滅ぼされた。

イグル自治区トゥルファン市)をおいた。また第一可汗国の滅亡後に北モンゴルで覇を唱えていた薛延陀を六四六(貞観二十)年に倒している。高宗の時代になると、六五八(顕慶《けんけい》三)年に西突厥を破り、六六八(総章《そうしょう》元)年には東の強国であった高句麗《こうくり》《コグリョ》▲をも壊滅させた。太宗から高宗の時代、このように一気に唐の領域が広がっていったのである。この対外拡張を支えたのが、行軍《こうぐん》という臨戦態勢の遠征軍であった。行軍は、規定上、都と境界域の警備に従事していない府兵を徴集して編制するものであったが、実際には不可能であった。それはどういうことなのだろうか。

そもそも、折衝府は六百数十府あり、定員は一府当たり平均八〇〇人であったから、府兵の総数は約五〇万人であった。折衝府の定員はのちに増員され、一府当たり平均一〇〇〇人となり、これによると府兵総数は六〇余万人となる。しかしこれは規定上の数字であり、つぎのような事情によって、実際にはこのとおりの府兵数は徴集できなかった。

六百数十府の折衝府のうち、八割以上が北中国に偏っておかれ、また、折衝府がある州(軍府州《ぐんぷ》)とない州(非軍府州)とが併存していた。府兵は軍府州にお

●――唐代折衝府数と地域分布

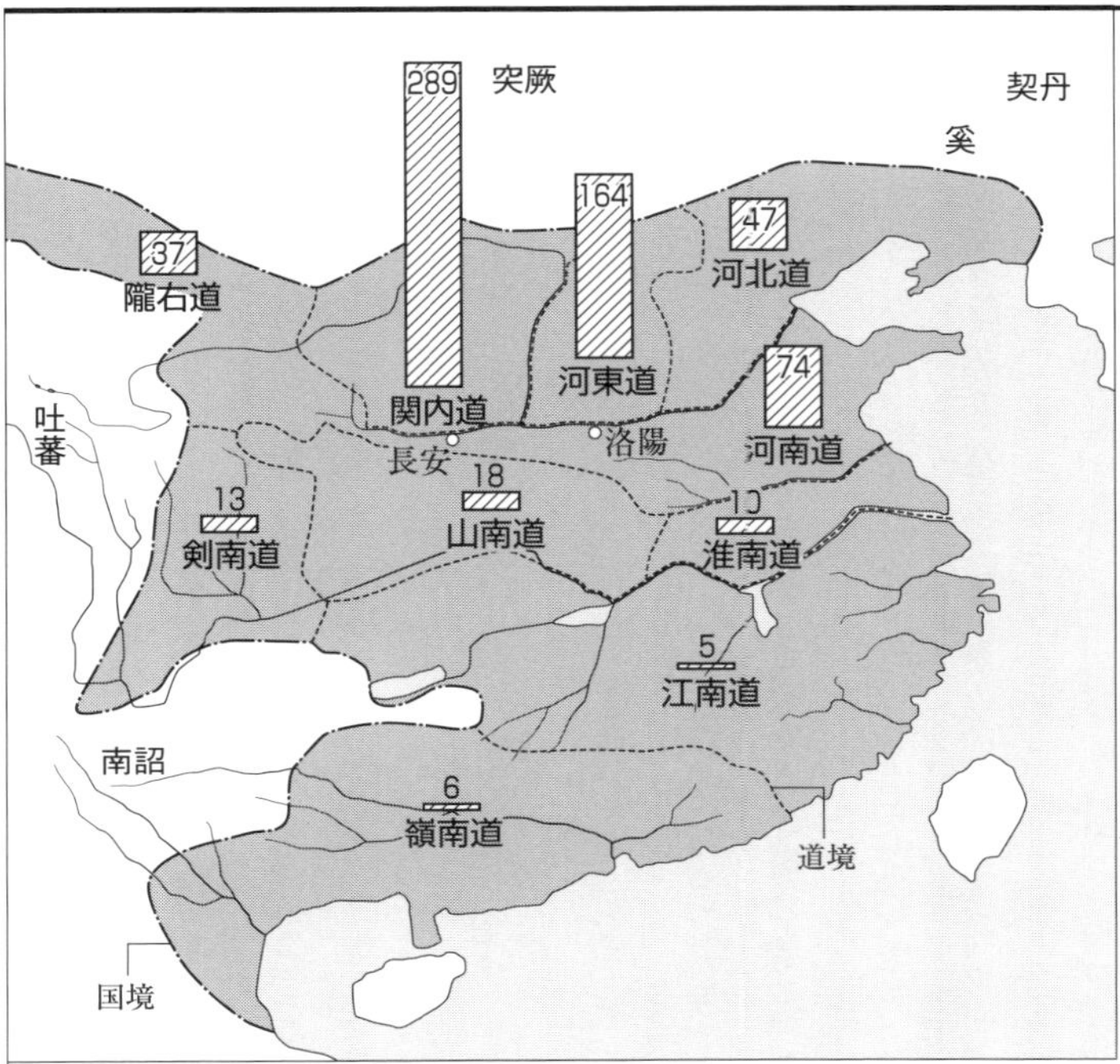

注 1)『新唐書』「地理志」記載の折衝府数をベースとし，それに記載のないもの，府数の異なるものは谷霽光「唐折衝府考校補」(『二十五史補編』，開明書店，1935 年) によって訂補した。折衝府総数は 663 である。

注 2) 谷霽光［1935 年］以降，石刻史料を利用して折衝府名を明らかにする作業が進んでおり，現在，692 府の折衝府名が明らかにされているが，地域分布の傾向に大きな変化はない。

高昌国遺址（新疆ウイグル自治区トゥルファン市）　麹氏高昌国の都城。唐の征服後、西州がおかれた。のちに、西ウイグル王国の都にもなった。二〇一四年、世界遺産登録。

いてのみ徴発され、その任期中、納税の義務を免除されてはいたものの、任務地へ往復するさいの食料などを自給しなくてはならず、また任務中の食料に加え衣服や武器までも自弁しなくてはならなかった。その負担は大きかったので軍府州の農民は逃亡し、そのため折衝府における兵の徴集は、規定のとおりにはいかなかったのである。

　このように、規定どおりに集めることができない府兵のなかから、常備軍《じょうびぐん》として都へ赴く約一〇万人と、鎮や戍で守備にあたる五万から一〇万人の兵士を捻出しなければならなかった。一方、非常備軍の行軍の規模は一定ではないが、太宗の六二九（貞観三）年に動員されたのが一〇余万人、少ないときで三万から六万人の場合もあったが、おおむね一〇万人前後であった。これが高宗の時代になると、三〇万から四〇万人といった規模の行軍が編制されるようになり、しかもこれが連年出征していた。つまり行軍を編制するには、府兵を徴集するだけでは不可能であったのだ。そのため、各州において兵を募り、また唐に服属していた羈縻州民から兵士（蕃兵《ばんぺい》）を徴発したのである。これらの兵士は強制徴集であったが、その費用は州が負担したところが府兵と大きく異なる。

●——六都護府・十節度使図

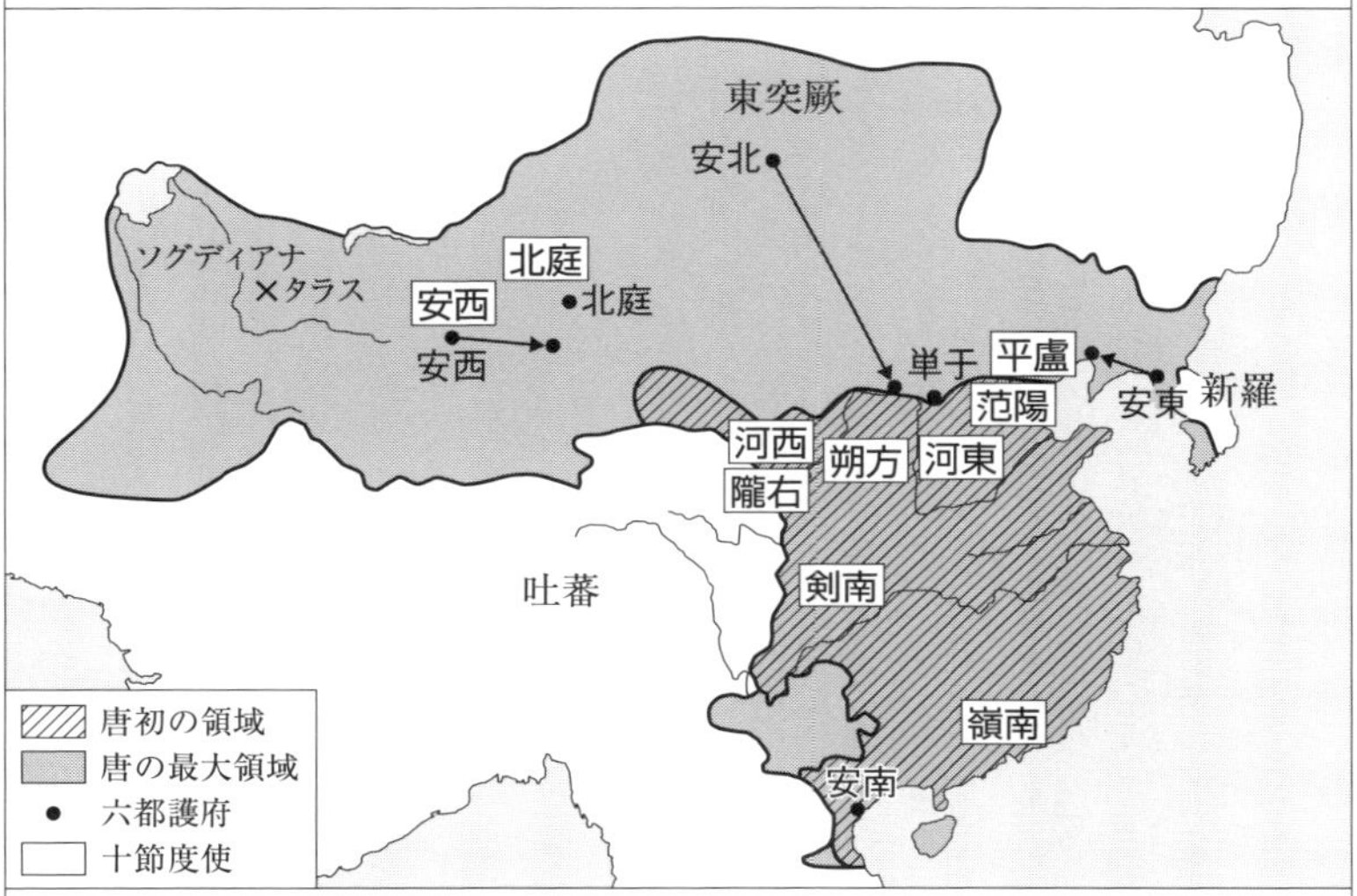
東突厥
安北
ソグディアナ
×タラス
北庭
北庭
安西
安西
単于
平盧
安東
新羅
范陽
河西
隴右
朔方
河東
吐蕃
剣南
嶺南
安南
唐初の領域
唐の最大領域
六都護府
十節度使

●——十節度使、軍事力比較

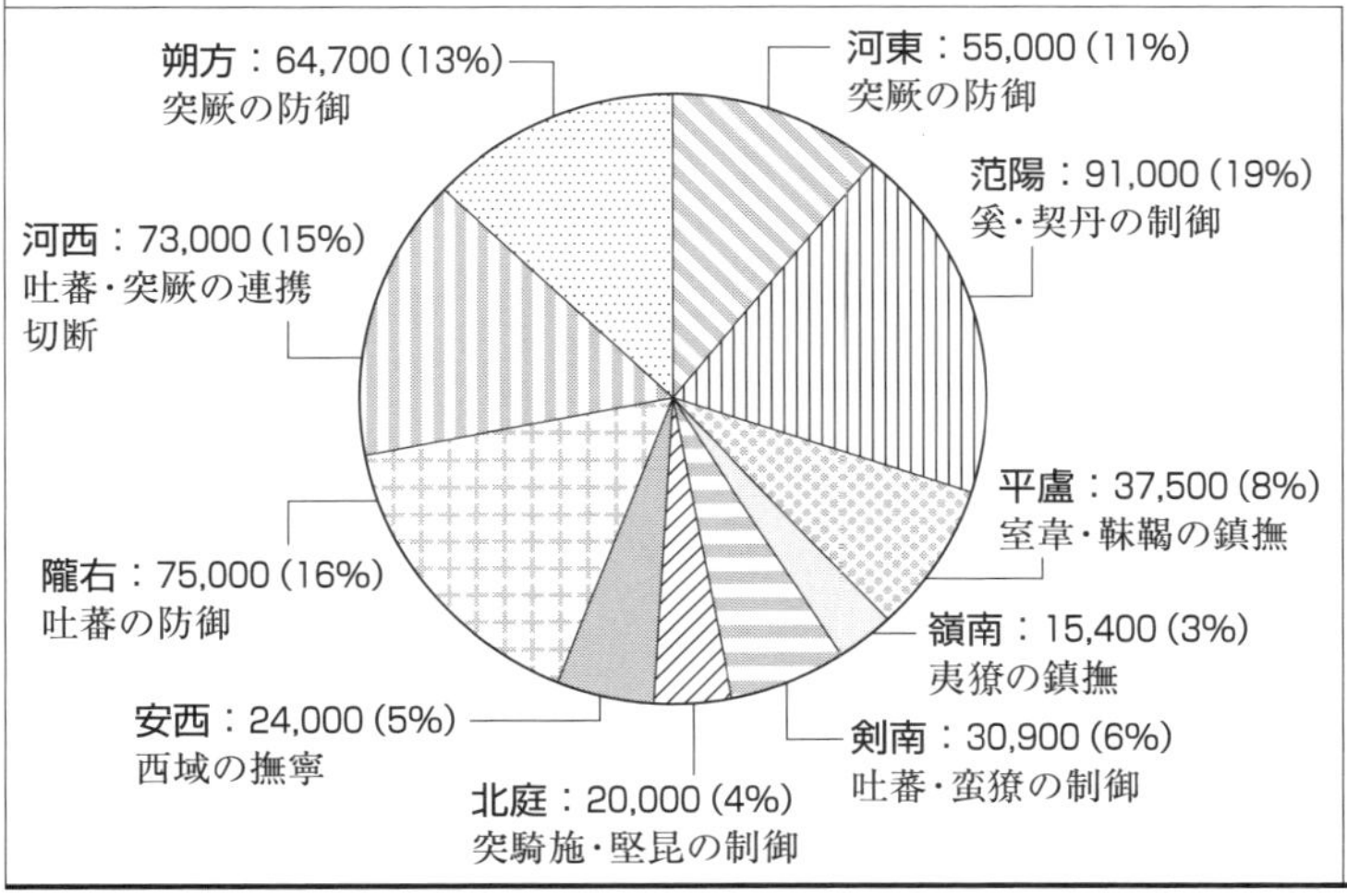
朔方：64,700 (13%)
突厥の防御
河東：55,000 (11%)
突厥の防御
范陽：91,000 (19%)
奚・契丹の制御
河西：73,000 (15%)
吐蕃・突厥の連携
切断
平盧：37,500 (8%)
室韋・靺鞨の鎮撫
隴右：75,000 (16%)
吐蕃の防御
嶺南：15,400 (3%)
夷獠の鎮撫
安西：24,000 (5%)
西域の撫寧
剣南：30,900 (6%)
吐蕃・蛮獠の制御
北庭：20,000 (4%)
突騎施・堅昆の制御

ところで、唐は、太宗から高宗のときに対外拡張をし、この広大な服属地を管轄する方法として、さきにみた羈縻政策をとっていた。帰順してきた部族《ぶぞく》・氏族《しぞく》に対し羈縻府・州をおき、都護府をもって監督せしめたのである。六四〇年の安西《あんせい》都護府の設置に始まり、燕然《えんぜん》都護府（六四七年。六六九年安北都護府に改称）、単于都護府（六六四年）、安東《あんとう》都護府（六六八年）などがおかれていく。

ところが、唐の対外拡充と羈縻政策が、結果として東ユーラシア各地の諸族の自立を促すこととなり、七世紀後半になると、この自立の動きは加速度的に活発になっていった。新羅▲による朝鮮半島の統一（六七六年）に始まり、モンゴリアにおける突厥第二可汗国の復興（六八二年）、マンチュリアでの契丹・奚の「反乱」（六九六年）と渤海《ぼっかい》▲の建国（六九八年）、さらにはチベットの吐蕃《とばん》▲や雲南の南詔《なんしょう》▲も勢力を拡大してきた。その結果、唐の周縁部におかれていた都護府はつぎつぎと内地へ撤退せざるをえない状況が生じた。あわせて唐の国防は、鎮・戍のみによるものではとうてい維持することができず、そこで行軍の役割が、よりいっそう重要となっていったのである。

▼**新羅**（四世紀後半〜九三五年）　朝鮮半島東南部から興った王朝。都を慶《けい》州におく。唐と同盟し、百済と高句麗を倒し、六七六年に朝鮮半島を統一した。九世紀中頃から国内が混乱しはじめ、やがて王建《おうけん》が建国した高麗《こうらい》に降伏した。

▼**渤海**（六九八〜九二六年）　靺鞨《まっかつ》出身の大祚栄《だいそえい》（?〜七一九）が、高句麗の遺民と靺鞨人とともに建てた国。その領域は、マンチュリア東部・沿海州・朝鮮半島北部におよんだ。大祚栄は七一三年に唐朝から渤海郡王に冊立されたので、以後、国号を渤海と称した。都は上京竜泉府《じょうきょうりゅうせんふ》（黒竜江省寧安《ねいあん》）。契丹の耶律阿保機に滅ぼされた。

▼**吐蕃**（七世紀初〜九世紀後半）　ソンツェン・ガムポ（五八一?〜六四九）がチベットの諸族を統一して建てた王朝の、中国（唐）側からの呼称。「安史の乱」終結直後、一時、長安を占領した。「安史の乱」後は河西地域

も支配したが、九世紀半ば南北に分裂し、その後衰退した。

▼南詔（七世紀半ば〜九〇二年）　中国雲南省に興った王朝。中国・チベット・インドの各文化を融合し、また仏教も盛んであった。八世紀前半、周辺の諸勢力を統一し、吐蕃に臣従し、唐とは対立した。八世紀末以降、唐と交通した。

行軍の常駐化から節度使の誕生へ

行軍とは、本来外征のため編制された非常備の遠征軍である。ところが東ユーラシア各地の諸族の興起・自立とあいまって、行軍はそのまま遠征先に駐留するようになり、唐の広大な境界域には、行軍を淵源とする常駐化した鎮軍《ちんぐん》と呼ばれる駐留軍が生まれていった。鎮軍は、その規模に応じて、軍・城《じょう》・守《しゅ》捉《そく》・鎮（鎮・戍の鎮とは異なる）と呼ばれ、これらを総称して軍鎮《ぐんちん》という。七四〇（開元二十八）年頃の統計では、軍が四〇あまり、城は四、守捉は一〇、鎮は四つを数え、一軍鎮の規模は平均一万人であるから、その総兵力数は六〇万人にものぼった。安禄山が節度使になる前についていた平盧軍使というのは、ここでいう軍の長官にほかならない。やがて、この軍鎮をいくつか統括する最高司令官として節度使が誕生していくのである。

ところで軍鎮の兵士は、州が募ったものや羈縻州の非漢人を徴発したもので、もともと、その任期には年限があった。しかし、その任期はしだいに延長されていき、七一九（開元七）年頃には、中央が直接募集した「健児《けんじ》」という年限つきの兵士が登場し、そして七三七（開元二十五）年には無期限の職業兵士である

「長征健児」があらわれる。こうして軍鎮の兵士が職業軍人となった頃、府兵制にもとづく鎮・戍の防人も職業軍人となっていき、開元年間には節度使をトップとする新たな軍制度が完成し、府兵制は廃止されるのである。

　この新しい軍事体制は、七一〇(景雲《けいうん》元)年に河西節度使がおかれたのを嚆矢《こうし》とし成立していく。すなわち河西・安西・北庭《ほくてい》・朔方《さくほう》・河東《かとう》・范陽(もとは幽州)・平盧・隴右《ろうゆう》・剣南《けんなん》の九節度使と嶺南五府経略使《れいなんごふけいりゃくし》▲がおかれた。これを十節度使という。ただ、その配置は、唐の西・北・東北辺の境界に偏っておかれていた。また、軍政をつかさどる節度使は、観察使《かんさつし》という使職▲をおびて民政にもタッチした。節度使は、唐朝の藩屏である軍鎮の意味から、藩鎮《はんちん》とも呼ばれる。七四二(天宝元)年頃の十節度使の軍事力をみると、五万人以上の兵数をもっていたのは范陽・隴右・河西・朔方・河東の五節度使であった。

　このうちマンチュリアとの境界におかれた范陽節度使は兵数九万一〇〇〇人あまり、六〇〇〇匹以上の軍馬を擁し最大のものであった。それは当時、唐にとって、もっとも脅威だったのがマンチュリアの奚・契丹だったからである。范陽節度使から分かれた平盧節度使は、室韋《しつい》▲・靺鞨▲の鎮撫《ちんぶ》をその任務としたが、

▼**嶺南五府経略使**　経略使は軍鎮を指揮する長官で、節度使設置以前からあった。節度使に比べ、兵額が少ないなど規模が小さい。嶺南五府とは、広《こう》州(広東省)・桂《けい》州・容《よう》州・邕《よう》州(以上、広西チワン族自治区)・交《こう》州(ベトナム北部)におかれた五つの経略使であり、広州経略使がほかの四府経略使を統括した。そのため、各経略使の兵員数は少ないものの、五府で一万五四〇〇人を数え、これを統括する広州経略使は節度使並みにあつかわれた。

▼**使職**　律令で定められた官制にはない官職で、「令外の官」という。使職は変化した社会の現実に対応するかたちでおかれた役職で、「〇〇使」と呼んだので、これらを一般に使職と呼ぶ。軍事関係の節度使、民政の観察使、財政関係の転運使《てんうんし》、塩鉄使《えんてつし》、度支使《たくしし》などがある。

▼**室韋**　六世紀から九世紀にかけて、マンチュリアからモンゴリア東南部にいた種族。契丹・奚と同種と

それは名目的なものであり、実際には范陽節度使と一緒に一つの軍事指揮系統を構成して奚・契丹の制御にあたった。

一方、唐の西方の脅威は吐蕃であり、これに対しては、河西・隴右の両節度使がやはり一つの軍事指揮系統を構成し、その防御にあたっていた。北方の突厥は、カプガン可汗の死後は唐との関係が比較的良好となる。このため、突厥制御のためにおかれた朔方節度使と河東節度使は巨大な軍事力をもちつつも、実際には連携してその任にあたることが少なく、河西・隴右かあるいは范陽・平盧の東西の両大鎮のどちらかの系統に加わることとなり、独自の軍事指揮系統は構成しなかったという特徴がある。ちなみにこの形勢は、「安史の乱」のときに具体的にあらわれる。すなわち、范陽・平盧・河東が安禄山軍団を構成し、河西・隴右・朔方が唐朝軍となって対立するのである。

いわれる。遊牧や狩猟を生業としていたが、農耕もおこなった。

▼靺鞨　マンチュリアの松花江《しょうかこう》流域にいたツングース系種族。高句麗と対立し、のちに渤海に服属した。

③―「安史の乱」前夜

幽州のソグド商人

七四四(天宝三)年三月、平盧節度使の安禄山は范陽節度使を兼任し、幽州城へ拠点を移した。ちなみに范陽節度使とは、七四二年に幽州節度使が改称したものである。安禄山が拠点とし、「安史の乱」の舞台となった幽州は、「農業・遊牧境界地帯」の東端に位置する。「農業・遊牧境界地帯」とは、おおむね河北北部から山西北部、陝西北部を走るベルト地帯を指し、ときには騎馬遊牧民が割拠し、ときには農耕民が進出するといった空間であった。唐代から五代の初めにかけては、この地帯には騎馬遊牧民が移住してきており、その騎馬軍事力が当時の東ユーラシアの歴史の展開に大きな影響を与えたのである。この空間の東端に位置する幽州は草原世界と農耕世界の交界地であり、遊牧民と農耕民とがいりまじるハイブリットな空間であった。

では、唐代の幽州城内には、どのような住民がいたのだろうか。残念ながら、この問題を具体的に答えてくれる史料は存在しない。ただ、唐の領域の東北辺

雲居寺地図

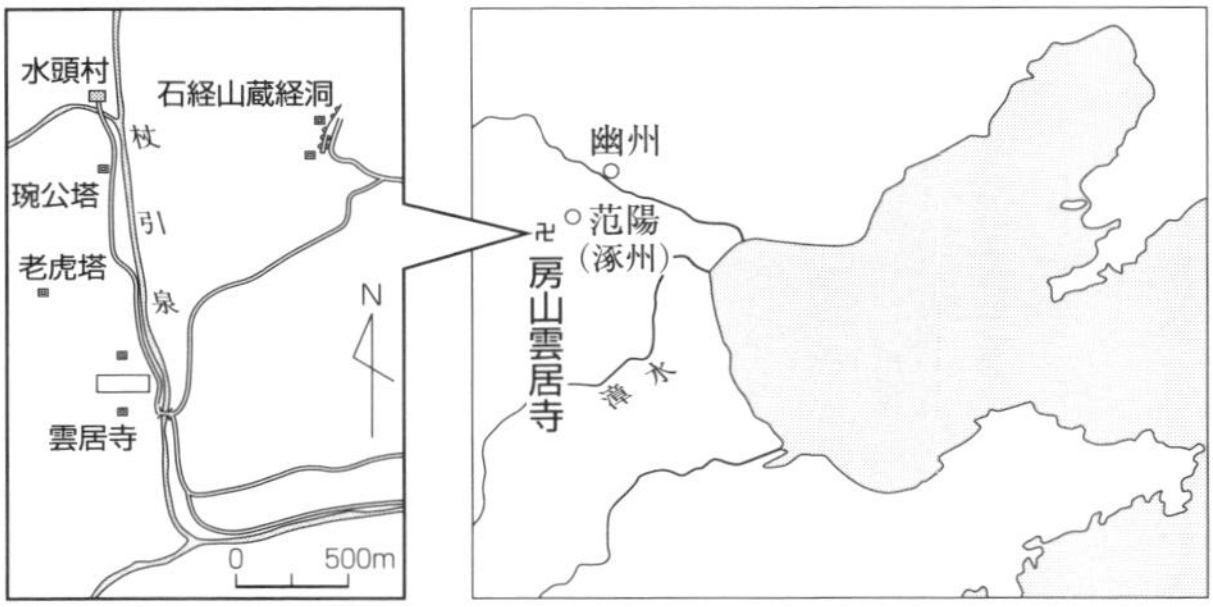

にあったこの都市で、多くのソグド人が経済活動をしていたことが石刻史料によって明らかになってきた。

北京の西南約七〇キロの所に房山雲居寺《ぼうざんうんきょじ》と呼ばれる仏教寺院がある。ここには隋以来、刻まれてきた石経《せききょう》(石板に刻まれた仏典)が奉納されている。隋代に流布した末法思想《まっぽうしそう》により、後世に正しい仏法《ぶっぽう》を残さんとした大事業によるものだ。石経の余白《よはく》には、

范陽郡(幽州)の絹行《けんこう》の邑平正《ゆうへいせい》である游金応《ゆうきんおう》が、邑人《ゆうじん》と合《あ》わせて経典《きょうてん》の三《さん》条《じょう》を上《たてまつ》る。

というようにそれを寄進した人の名と肩書きなどが刻まれている。これを題記《だいき》と呼ぶ。この題記の中で唐代の年号が彫られたものを一つ一つ調べていくと、延べ八三七人のソグド人の名を見出すことができる。その多くは八世紀半ばから九世紀、すなわち唐代半ばから後半にかけて幽州や涿州《たくしゅう》(もと幽州管内の范陽県。河北省涿州市)で活動していたソグド人たちである。

そのなかに「行《こう》」に属していたソグド人がいる。行とは商人による同業組合(ギルド)のことである。唐代の長安や洛陽に行があったことは知られていたが、

河北の幽州や涿州にも行が存在していたことは、この題記によってはじめてわかり、これらの地でもソグド商人による活発な商業活動がおこなわれていたことが判明したのである。いま、題記にみえるソグド人がかかわっていた行を整理すると左頁の表のようになる。

このうち五熟《ごじゅく》行、白米《はくべい》行、粳米《こうべい》行、米《べい》行は穀物をあつかうギルドであり、また肉行、椒笋《しょうじゅん》行や菓子《かし》行といった食品関係のギルドも確認できる。雑行、油《ゆ》行、雑貨行、幞頭《ずきん》行などは日用品をあつかい、磨《ま》行は研磨《けんま》業、屠《と》行は屠殺《とさつ》業なのだろう。

行のなかでとくに興味深いのが絹織物にかかわるギルドである。幽州には絲《し》綢綵帛《ちょうさいはく》行、絲絹綵帛《しけんさいはく》行、絲綿綵帛絹《しめんさいはくけん》行、大綵帛《だいさいはく》行、綵帛《さいはく》行、絹行、大絹《だいけん》行、小絹《しょうけん》行、布絹《ふけん》行、絲綿《しめん》行といったギルドが存在しており、細かく分かれているのが特徴である。

これは、唐代において絹の一大産地であった河北の絹織物が、幽州に集積されたことを物語っている。じつはこのことは幽州に駐屯していた兵士と関係がある。范陽節度使のもとには九万一〇〇〇人あまりの兵士がおり、年間、「衣」

●—ソグド人のかかわる「行」一覧

所在地	行　名	人　名
幽　州	五熟行	何令賓　史崇誨
	肉行	史茂衛　史陀羅
	小絹行	康玉
	絹行	石崇俊　曹氏
	雑行	康仙　康崇仙　康秀
	白米行	羅庭璋　曹阿九　曹昭裕
	磨行	石昌□
	油行	米令祥　安令宗
涿　州（范陽県）	菓子行	石庭俊　康庭玉　康□
	諸行	康俊
	椒筝行	康俊　何二娘
	雑貨行	康俊　曹元百　石邕
	靴行	康希俊
	幞頭行	曹三娘　何四娘
	新貨行	石邕
	磨行	史氏
	米行	曹氏
不　明	粳米行	何弘礼
	屠行	安令環
	白米行	羅敬遵
	絲綿行	何如玉　康四娘　何氏　何玉　何琳　康氏
	彩帛行	康俊

〔出典〕北京図書館金石組・中国仏教図書文物館石経組編『房山石経題記匯編』（北京, 書目文献出版社, 1987年）により作成。

●—房山雲居寺の石経山　北京市房山区大石窩鎮にある。寺院の東北に石経山があり，石経をおさめた洞（蔵経洞）が現存する。

胡人俑　唐代の中国人がみたソグド商人。一九八一年に洛陽郊外のソグド人・安菩の墓から出土した唐三彩の明器(死者とともに墓に埋葬する葬具)。

として「八十万疋段《はちじゅうまんのきぬおりもの》」が与えられていた。幽州にはそのうち三万人の兵士がいたが、彼らが受け取った絹織物の多くは、幽州城内の市場に放出されたのだろう。そのため大量の絹織物がその種類・品質によって分類・取引され、幽州にかくも多種にわたる絹織物を取り扱う行が形成されたと考えることができる。そしてその一部の行に、ソグド商人がかかわっていたという事実はおもしろい。外からやってきたソグド商人と幽州在住のソグド商人とが幽州で出会い、絹織物をめぐる取引がおこなわれたと想像できるからである。

また幽州城内には、ソグド人がかかわる「邸店《ていてん》(店《てん》)」もあった。邸店とは、食堂・倉庫・運送業をあわせもった宿泊施設のことである。大型の邸店は金融業・卸売業・問屋業もかねていて、なかには宿泊している外来の商人から商品を直接買いつけ、その場で販売をしていたこともあったという。幽州でも邸店のソグド人スタッフと宿泊しているソグド商人とが、商品の取引を直接していたのかもしれない。

祆神楼（山西省介休市《かいきゅう》）　現在の建物は清代のもの。もとの祆神楼の建築材を再利用していて、かつての祆神楼をかすかにしのぶことができる。

ソグドネットワークと安禄山

もともと中央アジア出身のソグド人が、ユーラシア大陸の東端にある幽州にまでやってきていたということは、彼らのネットワークの規模がいかに広大なものであったのかを物語っている。

ソグド人は、後漢から唐までの六〇〇年以上にわたってしだいに東へ進出し、モンゴリアおよび北中国の各地にコロニーをつくっていった。それはソグディアナからパミールを東にこえ、タリム盆地周縁に連なるオアシス都市から甘粛の河西回廊のオアシス都市へ続き、さらにオルドスの固原《こげん》などを通って長安・洛陽へいたるルート上につくられた。また、洛陽からさらに東北方へとのび、太行《たいこう》山脈の東側の諸都市から幽州にまでソグド人コロニーをみることができる。七一七（開元五）年には、幽州から燕山《えんざん》山脈を北にこえた営州にまでソグド商人が進出したことが確認できる。これとは別に、長安から山西を斜めに縦断して太原、さらには代北へといたるルート上にもソグド人は進出していた。そして代北の諸都市や幽州は天山山脈の北側からモンゴル高原にいたる草原のルートと結びつき、そのルート上にもソグド人はコロニーを建設しつつ、ネットワー

●—ソグドネットワーク

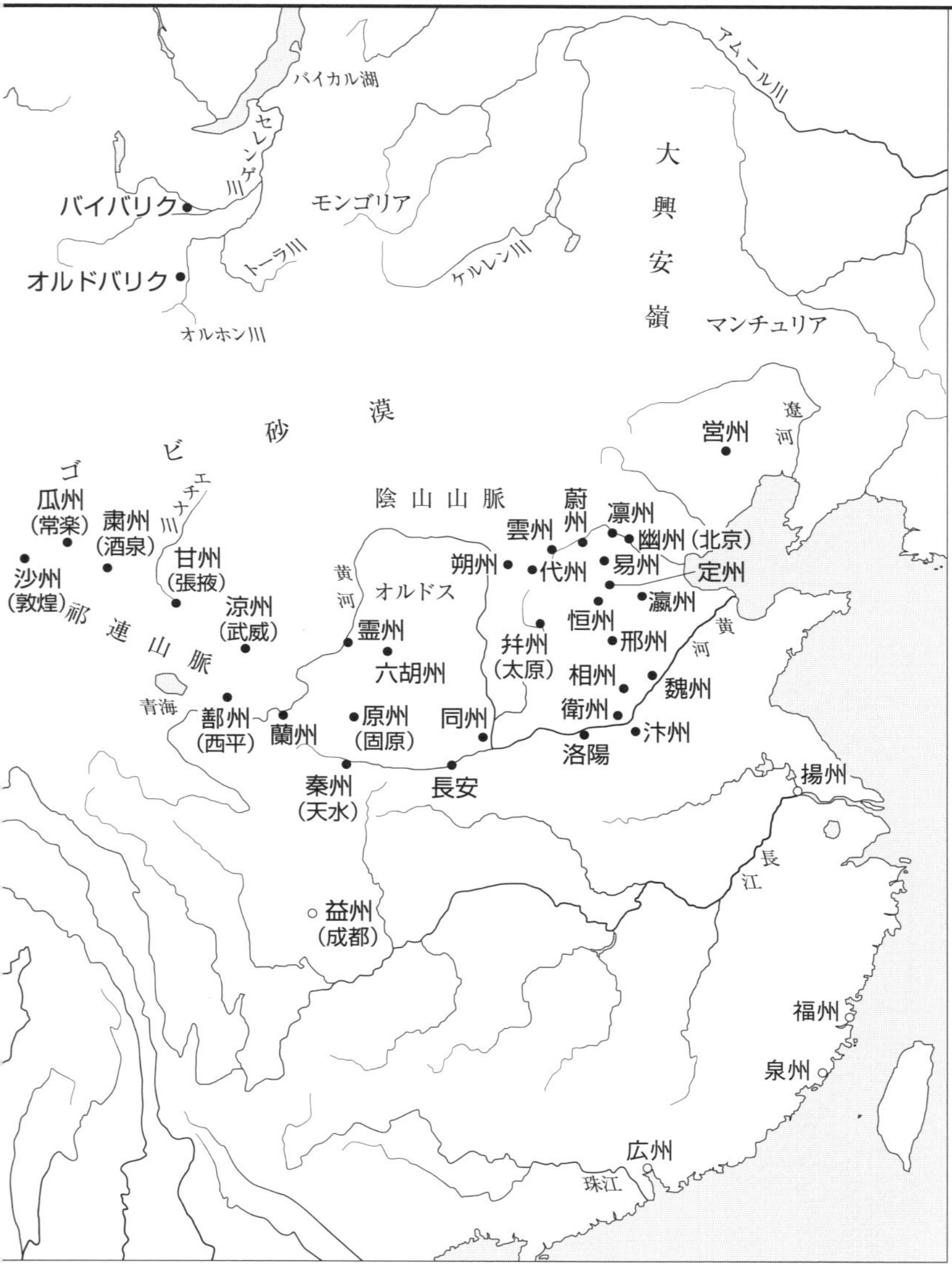
バイカル湖
セレンゲ川
アムール川
大興安嶺
バイバリク
モンゴリア
トーラ川
ケルレン川
オルドバリク
オルホン川
マンチュリア
ゴビ砂漠
遼河
営州
エチナ川
陰山山脈
瓜州
(常楽)
粛州
(酒泉)
甘州
(張掖)
沙州
(敦煌)
蔚州
雲州
凛州
幽州(北京)
朔州
代州
易州
定州
黄河
オルドス
瀛州
恒州
祁連山脈
涼州
(武威)
霊州
并州
(太原)
邢州
六胡州
相州
魏州
青海
鄯州
(西平)
蘭州
原州
(固原)
同州
衛州
汴州
洛陽
秦州
(天水)
長安
揚州
長江
益州
(成都)
福州
泉州
広州
珠江

アラル海
イルティシュ川
アルタイ山脈
バルハシ湖
シル川
イリ川
アム川
セミレチエ
ジュンガリア
ソグディアナ
タシュケント
スイアーブ
北庭
伊吾
ブハラ
サマルカンド
ペンジケント
天山山脈
交河
高昌
(西州)
フェルガーナ
亀茲
(クチャ)
据史徳
(トムシュク)
焉耆
(カラシャール)
パミール高原
タリム川
疏勒
(カシュガル)
タクラマカン砂漠
楼蘭
ロプノール
トハリスタン
石城鎮
(チャルクリク)
ヒンドゥークシュ山脈
于闐
(コータン)
播仙鎮
(チェルチェン)
カラコルム山脈
崑崙山脈
ガンダーラ
カシミール
チベット
インダス川
ヒマラヤ山脈
ヤルツァンポ川
ラサ
ガンジス川
● ―ソグド人聚落のあった都市

クを張りめぐらせていたのである。

隋や唐の時代になると、ユーラシアの東半部が単一の王朝の支配下にはいり、七世紀後半の高宗のときには、パミール以西の中央アジアにまでその勢力が伸びた。このような空前の現象のもと、ソグド人は唐朝から制約を受けつつも、活発に東西交易活動を展開していった。幽州におけるソグド商人の存在は、このようなソグドネットワークの展開と無関係ではない。

この幽州のソグド商人は、「安史の乱」にも大きくかかわっていた。ソグド人の血を引く安禄山は、「反乱」を起こすにあたり、北中国全域に広がるソグドネットワークをつうじて、ソグド商人にモノを売買させて蓄財し、「反乱」の資財を手にいれていたのだ。『安禄山事迹』には、つぎのような興味深い話が記されている。

安禄山はひそかに唐の各地でソグド商人に交易をおこなわせたので、毎年、全国各地からたくさんのめずらしいモノが范陽に集まってきた。ソグド商人がやってくるたびに、安禄山は胡服《ソグド人のふく》をきておごそかな牀《ベッド》に座り、香《こう》をたいてめずらしい宝物を並べ、百胡《おおくのソグド人》を左右にはべらせた。群胡《おおくのソグド商人》はその下で輪になって礼拝《れいはい》し、幸福をたまわるよう「天」に祈った。安禄山は祭祀《さいし》の生けにえをたくさん並べ、巫《シャーマン》たちは鼓《つづみ》を打って歌い舞い、日が暮れてから散じるありさまであった。安禄山は、多くのソグド商人に唐の各地でひそかに羅《うすぎぬ》や帛《きぬ》、および緋色《ひいろ》や紫色の朝服《ちょうふく》、官人《やくにん》の身分を示す魚符《ぎょふ》をいれる金色や銀色の飾《かざ》り絲《ひも》の袋、官人が腰におびるベルトなどをつくって商わせたが、それは百万という数であった。まさに反逆の資財にせんとするもので、すでに八、九年もの長きにわたっておこなわれていた。

また、『新唐書』にも同じ話を簡略にして載せているが、その末文に「(安禄山は)ソグド商人を引見し、供物を並べ、女巫を目の前で鼓舞させ、そしてみずから神になぞらえた」という一文が加えられている。この安禄山の行為を、祆教《けんきょう》(ゾロアスター教)▲の祭祀活動の一端《いったん》であるという見方がある。安禄山のもとに集まるのはすべてソグド人であり、彼らが祈る「天」とは「祆」、つまり「祆神《けんしん》(ゾロアスターの神)」にほかならないというのである。

また、つぎのような唐代の記録がある。

洛陽城内の立徳坊《りっとくぼう》と南市《なんし》の西の坊に「胡(ソグド人)」の祆神廟がある。毎

▼**祆教**(ゾロアスター教)　ゾロアスター教は、イスラーム化以前のイランを中心に信仰されていた宗教。『アヴェスター』を経典とし、善悪二元論に立つ教えをもつ。中央アジアのイラン系ソグド人たちが信仰していたゾロアスター教は、イラン本土のものとは異なっていた。ソグドでは、納骨をオッスアリにいれる、死者に対する哀悼の儀式をおこなう、偶像崇拝をするなどの特徴があった。ソグド人が伝えたゾロアスター教を中国では祆教と呼んだ。

▼**『朝野僉載』**　唐代の筆記史料で、著者は張鷟《ちょうさく》といい、則天武后期から玄宗朝前期の人。本書は、則天武后時代の政治・社会の状況を具体的に記述した一級の史料とされる。

年、ソグド商人たちはここで幸福を祈り、そのさい、豚や羊を煮《に》て、琵琶《びわ》や鼓笛《つづみ・ふえ》をかなで、酔って歌い舞った。（『朝野僉載《ちょうやせんさい》』）▲

まさに安禄山が、幽州においてソグド商人を集めておこなった儀式と酷似していることがわかるだろう。とすれば、安禄山も幽州にあった祆祠《けんし》（ゾロアスター教寺院）にソグド商人を集め、自らが「祆神」となってソグド商人に祈らせたのかもしれない。

このように、安禄山は多くのソグド人が信仰していた祆教を利用し、幽州から営州にかけて活動していたソグド人のみならず、唐帝国全土に広がって活動していたソグド商人をも結びつけていたのだ。すなわち、中国在住のソグド人の盟主という側面があったということがわかる。

騎馬遊牧民の住む幽州エリア

では、幽州城を含むこのエリアのようすはどのようなものであったのだろうか。

「安史の乱」直前の幽州の管内には、唐に帰順してきた奚・契丹・靺鞨・突

●——唐代洛陽城と祆神廟（ゾロアスター教寺院）

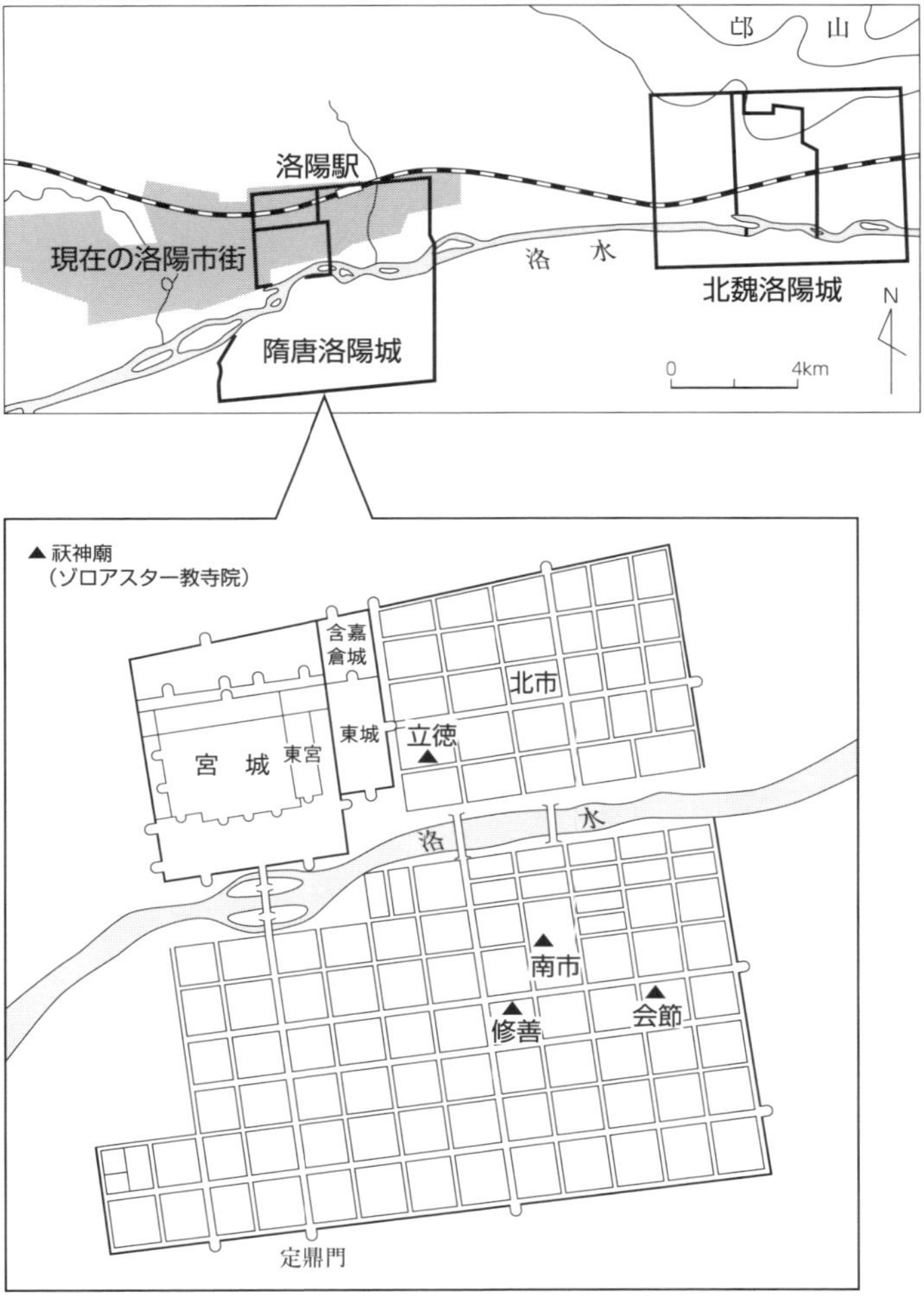

▼**李宝臣**（七一八〜七八一）　「安史の乱」中、河北中部の恒《こう》州の守備につき、その軍団を温存したまま唐へ帰順した。「乱」後はこの勢力を背景に、唐朝から節度使に任じられた。この軍団に与えられた軍額から、成《せい》徳《とく》節度使と呼ぶ。

成徳節度使李宝臣碑亭（河北省正定《せいてい》県）

厥などをおいた一九の羈縻州が存在していた。このうち一七の州は、もともと営州におかれていたが、六九六（万歳通天元）年に営州で契丹が「反乱」を起こしたとき、唐朝によって山東《さんとう》・河南《かなん》へ移されたものである。おそらく、羈縻州の諸族がこの「乱」に呼応することを恐れたためであろう。また、この契丹の「反乱」に乗じ、突厥のカプガン可汗が河北の北・中部にまで進出したので、一時、河北北部は混乱に陥った。八世紀の初め、突厥と唐との緊張関係は一時的にやわらぎ、河北の緊迫した状態がとけると、山東・河南に移されていた羈縻州民も北へもどされはじめた。ただ営州は依然として契丹の支配下にあったので、これらは幽州の管内におかれたのである。その後、八世紀前半に帰順してきた奚と、突厥第二可汗国の崩壊にともなって生じた突厥遺民の一部（ソグド系突厥）の二つの羈縻州が幽州におかれることとなった。

ところで、幽州にいた羈縻州民は、どのような生活をしていたのだろうか。これを解き明かすものに、「城傍《じょうぼう》」という当時の言葉がある。例えば安禄山に仕えた武将で、李宝臣《りほうしん》▲という人物がいた。彼は、七三二（開元二十）年に唐へ帰順してきた奚族の一人であり、彼が属していた奚の一集団は幽州（范陽）城の付

七四二（天宝元）年の幽州人口構成

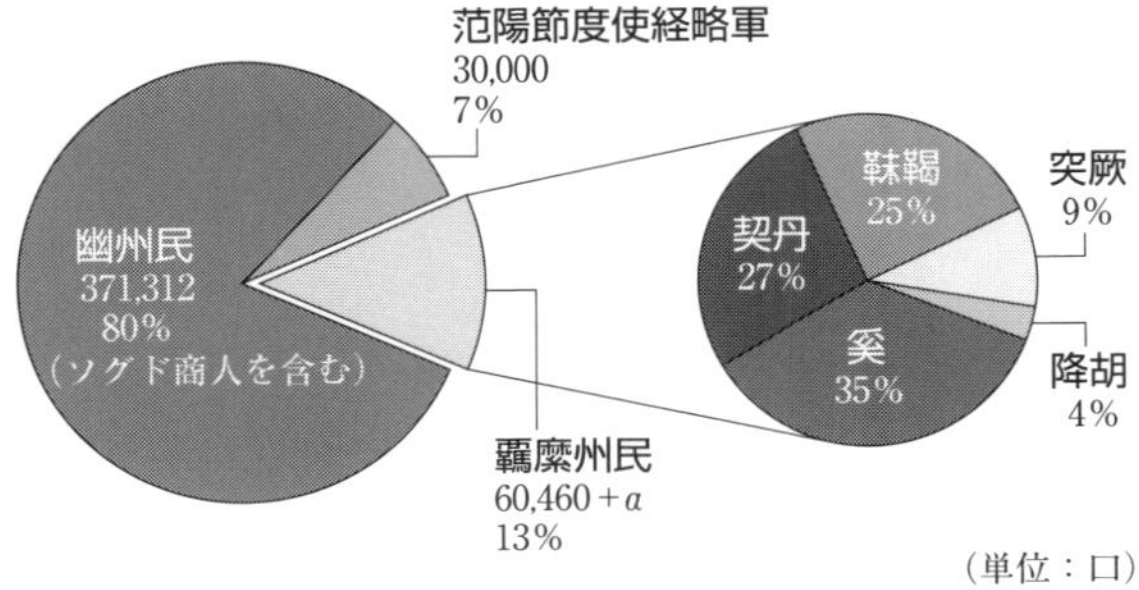

（単位：口）

［備考］『旧唐書』巻三九「地理志」、『新唐書』巻三九「地理志」にもとづき作成。筆者は従来、天宝年間の幽州の人口数を見誤って低い数値で計算していたので、本書において訂正したい。

近におかれていた。史書には「李宝臣は、范陽城傍の奚族である」と記されている。この「城傍」とは、遊牧的組織を保ったままおかれた集団を意味すると解釈されている。このことから、唐代の幽州城の近辺には、草原世界の組織のままの騎馬遊牧民が散居していたと想像できるのである。

　このように多くの羈縻州をかかえていた幽州の人口や種族構成はどのようなものだったのだろうか。唐朝が把握していた七四二（天宝元）年における幽州の人口は、戸数《こすう》が六万七二四三、口数《こうすう》が三七万一三一二であった。これには羈縻州民の数は含まれない。天宝年間の幽州にあった羈縻州の推定人口数は、一万四五一九戸、六万四六〇口である。これから計算すると、幽州における羈縻州民の割合は全人口のおよそ一三％になる。その内訳は、奚がもっとも多く、ついで契丹で、奚・契丹で六割を占める。また、幽州城内には范陽節度使に属す三万人の兵士がおり、非漢人がその多くを占めていたと仮定するならば、およそ幽州の人口の二〇％が非漢人であったと想像できる。さらに、幽州の戸口には、幽州在住のソグド人も含まれているので、実際の非漢人の割合は、もっと多かったと推測できる。

契丹人　遼代壁画。内モンゴル自治区赤峰市敖漢旗南塔郷北三家一号墓出土の墓道壁画。

契丹・奚と結んだ安禄山

では、安禄山はこのような羈縻州の人々と、どのような関係にあったのだろうか。これを解き明かす史料として注目されるのが墓誌である。安禄山と契丹の関係を示すものに、一九六六年に発見された契丹人の「李永定《りえいてい》墓誌銘」がある。

李永定は、六八七(垂拱《すいきょう》三)年に玄《げん》州で生まれた。玄州は、六四八(貞観二十二)年に唐へ帰順してきた契丹の曲拠《きょくきょ》とその部族をおいた羈縻州で、もとは営州にあったが、八世紀初めに幽州に設置しなおされている。

李永定がついた最初の職は、玄州におかれていた折衝府の長官であり、玄州の契丹人を「府兵制」をもって統率していた。のちに彼は青山州刺史《せいざんしゅうのちょうかん》となり、なくなるまでその職にあった。青山州は、七一〇(景雲元)年に玄州から分かれた羈縻州なので、李永定は契丹集団を率いる首領であったことがわかる。

范陽節度使はこの契丹の集団を、李永定をつうじて間接的に取り込んでいた。というのは、彼は范陽節度使麾下《きか》の将校《しょうこう》(范陽馬軍副使《ばぐんふくし》、范陽都知兵馬使《とちへいばし》)を歴任しており、また安禄山が范陽節度使になると、嬀川《ぎせん》郡(嬀《ぎ》州。河北省懐来《かいらい》県)

●李永定墓誌銘（北京・首都博物館蔵）　一九六六年に北京市海淀区八里荘で発見された。

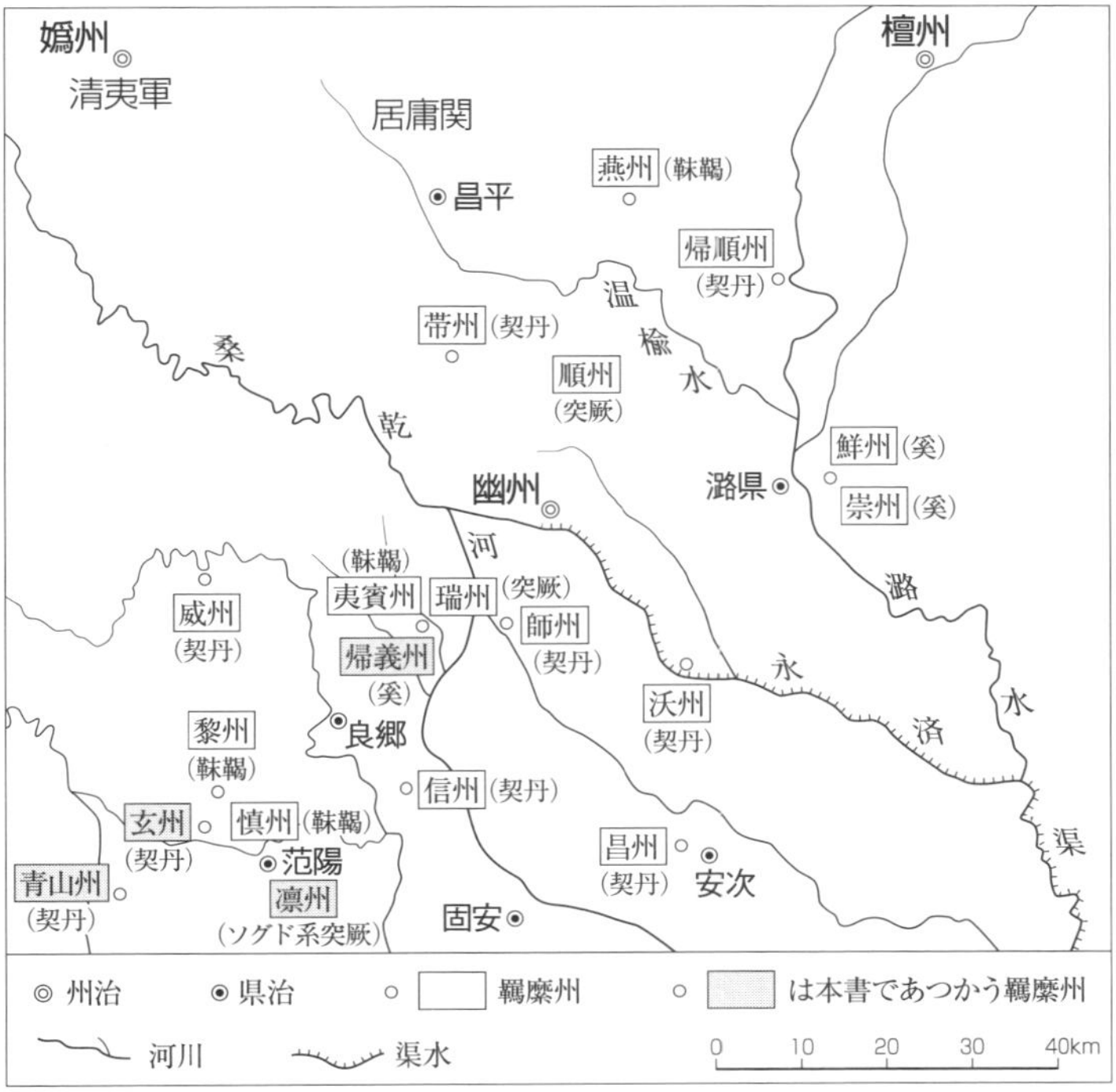

●幽州羈縻州分布

安禄山・李詩婚姻系図

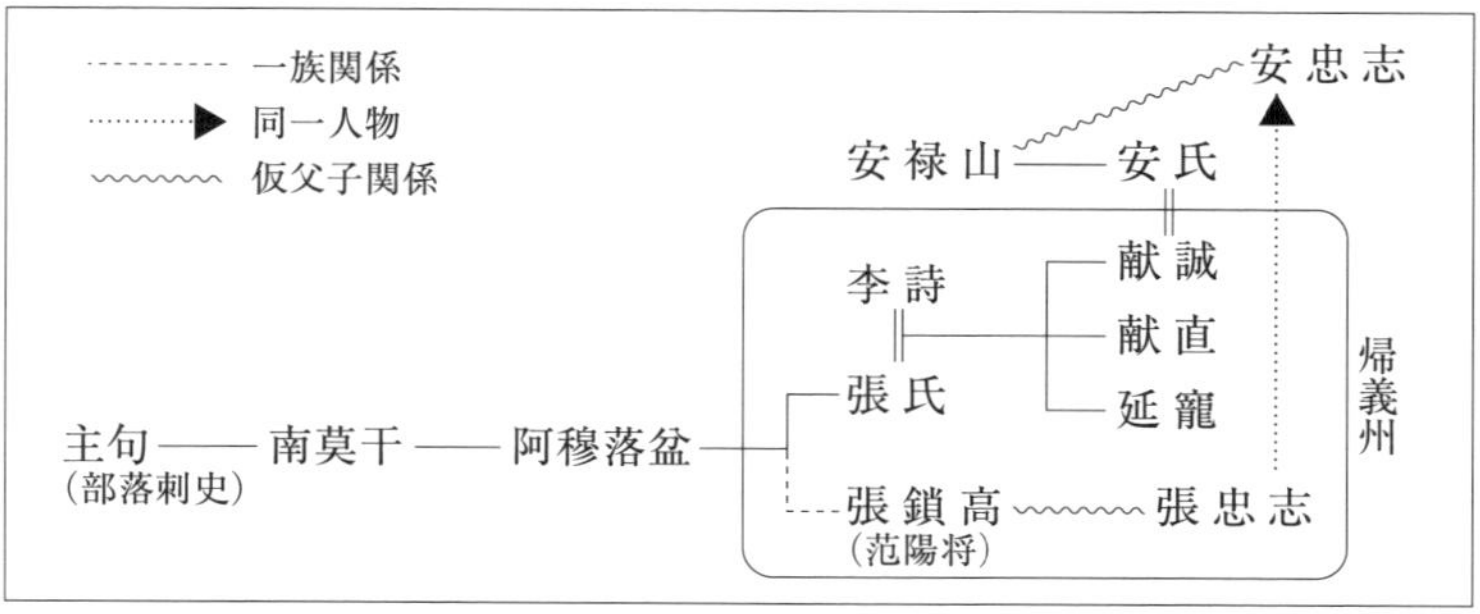

ついで漁陽《ぎょよう》郡(薊《けい》州。天津《てんしん》市薊県)の長官となり、同時にその州管内におかれていた軍鎮の長官もかねていたからだ。安禄山は、一朝事《いっちょうこと》あらば、范陽節度使麾下の軍人であり、かつ契丹の部族の首領であった李永定をつうじて、その下の契丹人を動員したのだろう。

もう一つ興味深い史料が、一九九三年に発見された「李府君夫人張氏《りふくんふじんちょうし》墓誌銘」である。李府君の名は碑文に書かれていないが、その肩書きが「帰義《きぎ》都督府都督」であることから、七三二(開元二十)年に五〇〇〇帳の集団を率いて唐に帰順してきた奚の大首領の李詩《りし》であると推測できる。というのは、唐はこの集団を幽州城の西南におき、帰義州(帰義都督府はその雅称)という羈縻州に編成したからである。

李詩の夫人である張氏については、その曾祖父から父まですべて「部落刺《ぶらくし》史《し》」であったと記されている。その「部落」の名は残念ながら書かれていないが、大首領の李詩の妻になっていることから、彼女の一族は奚の小首領の家柄であったと想像できる。そして、この夫婦の長男が、「帰義王」の肩書きをもった李献誠《りけんせい》という人物であった。

ところで、『安禄山事迹』には、安禄山の女婿《むすめむこ》に「帰義王の李献誠」という人物がいたと記されている。しかし『安禄山事迹』にみえる李献誠については、正史などほかの史料にはっきりとした記述がなく、どのような人物なのかわからなかった。ところが、「李府君夫人張氏墓誌銘」の発見により、安禄山の女婿の李献誠が奚の大首領である李詩の子であることがわかったのだ。安禄山が、李献誠に自分の娘をめとらせたのは、その婚姻関係をつうじて、李詩の集団を統率下におかんとしたために違いないだろう。

また、安禄山は、この帰義州の構成員であった奚人の張忠志《ちょうちゅうし》を自分の養子にしている。この張忠志は、前節で紹介した李宝臣のもとの名である。張忠志ははじめ、李詩の夫人である張氏の一族の首領であった張鎖高《ちょうさこう》の養子となっていた。おそらく、張忠志もある程度の規模の奚の集団を率いる首領級の人物であったのだろう。安禄山はこのような人物と擬制的血縁関係を結び、張忠志の率いる集団も統制下に組み込んでいったのである。

安禄山、ソグド系突厥を取り込む

唐代の書家《しょか》として有名な顔真卿▲の文集に、「康阿義屈達干神道碑《こうあぎくつタルカンのしんどうひ》」▲という文章がおさめられている。この碑文からは、安禄山が突厥の遺民を配下に組み込んでいくようすを知ることができる。

康阿義屈達干は、七四二(天宝元)年に突厥第二可汗国から唐へ亡命してきた武人である。この頃、突厥は混乱のなかにあった。というのは、可汗の位をめぐって阿史那一門で内紛が続き、またカルルク▲・バスミル・ウイグルが突厥に反旗を翻したからである。このような混乱状況を脱して、突厥の可汗の一族や阿史徳などが、まとまった集団で唐へ亡命してきた。康阿義屈達干もその一人であった。

康阿義屈達干は、サマルカンド出身のソグド人、あるいはその後裔である。彼の夫人は石氏《せきし》といい、タシュケント出身のソグド人である。彼らはソグド人同士で結婚していたのである。ソグディアナを離れ、北中国やモンゴリアに移り住んだソグド人たちは、数世代にわたってソグド人の間で婚姻関係を結び、結束する傾向が強かった。このことは墓誌などの石刻史料をつうじ確認でき、

▼**顔真卿**(七〇九〜七八五)　唐の四大書家の一人。本籍地は琅邪《ろうや》の臨沂《りんき》(山東省)、長安で生まれる。開元年間に科挙に合格し、その後官途につくものの楊国忠に憎まれ、平原太守に落とされた。このとき、「安史の乱」に遭遇し、義兵をあげて抵抗した。「安史の乱」後、反乱を起こした李希烈のもとへ使者として赴いたさいに殺される。

▼**神道碑**　墓のなかにおさめる墓誌に対して、死者の功績を称える文言を刻し、墓の前に建てたものを墓碑という。神道碑もその一つ。

▼**カルルク**　ジュンガリア(新疆ウイグル自治区西北部)にいたトルコ系遊牧民。「歌羅禄」「葛邏禄」などと書かれる。七四二年、ウイグルとともに突厥を倒したのち、そのおもな勢力は西へ移動し、セミレチエ(カザフスタン東部)で建国した。

ソグド人石棺牀パネルにみえる「剺面截耳」のようす（MIHO MUSEUM所蔵）

康阿義屈達干夫婦もこれにあてはまるものである。ついでに付け加えると、安禄山の糟糠《そうこう》の妻もソグド人の康氏であった。

碑文にはまた、康阿義屈達干は「北蕃十二姓《ほくばんじゅうにせい》の貴種《きしゅ》」の後裔とも記されている。「十二姓」とは第二可汗国時代を除く東突厥の自称であるという。また「達干」は突厥の職号であるtarqanの音転写である。さらに康阿義屈達干がなくなったとき、その部下たちは「剺面截耳《りめんせつじ》」したという。「剺面截耳」とは、自らの顔や耳を傷つけ、親しい者との別れを表現する習慣で、広くモンゴリアの遊牧民やソグド人にみられた。これらのことから康阿義屈達干はソグド人の血を引きつつも、突厥人の要素をもっていたことがわかる。さらに突厥第二可汗国から帰順してきた事実と突き合わせると、彼もソグド系突厥とみなせるだろう。

康阿義屈達干が唐へ亡命してきたとき、范陽節度使の安禄山は彼を麾下の軍将に加えた。その後、康阿義屈達干は范陽経略副使、節度副使となっていくが、安禄山の死後、唐へ帰順する道を選ぶこととなる。安禄山が康阿義屈達干を麾下に加えたのは、彼がもっていた軍事力を取り込むためであったに違いない。

彼の曾祖父は「部落都督」であり、その父も「知部落都督」であったと墓碑にいう。また、康阿義屈達干が唐に帰順したとき、安禄山は彼を「部落都督」とするように上奏している。このことから、康阿義屈達干の家系はずっと「部落都督」、すなわち突厥に付き従っていた遊牧集団の首領であったことがわかる。また、彼の父は「頡利発《イルテベル》」と記されている。これは古代トルコ語のiltäbärを音転写した語で、突厥に従っている有力な部族の首領に与えられた称号である。

康阿義屈達干の率いていた集団は、ソグド系突厥だったと想像できる。彼が唐へ亡命した七四二(天宝元)年には、幽州管内に凜《りん》州という羈縻州がおかれている。『新唐書』「地理志《ちりし》」は凜州を「降胡《こうこ》州」というカテゴリーに区分しており、唐代の「胡」がソグド人を意味することと、その設置年代から、凜州は突厥第二可汗国から「降伏《降》してきたソグド人《胡》」すなわち、ソグド系突厥をおいた羈縻州とみなせよう。これは、おそらく康阿義屈達干の集団をおいたものと考えることができる。安禄山は范陽節度使に就任すると、ただちにこの集団を統制下に組み込んでいったのである。

同羅を吸収した安禄山

七四二年に突厥から唐へ亡命してきた人物の一人に、トルコ系の同羅▲の首領であり、かつ突厥第二可汗国の西葉護《ヤブグ》▲でもあった阿布思《あふし》がいる。このとき阿布思は、一万帳あまりの同羅の集団を率いて唐へ亡命してきたと伝えられる。その軍事力はかなり強大なものであったためか、唐は阿布思に皇室と同じ李姓と献忠という名を与え厚くもてなした。また阿布思に朔方節度副使を授け、その同羅集団をオルドスにおき、毎年、数十万もの絹織物を支給して優遇し、その軍事力を吐蕃戦に利用したのである。

この阿布思の軍事力に目をつけた安禄山は、七五二(天宝十一)年、契丹討伐を願いでたさい、同時にこの阿布思に同羅数万騎を率いさせ、安禄山軍と同道するよう、玄宗に奏請《そうせい》した。これをきらった阿布思は同羅集団を率いて北モンゴルへ逃亡したが、そこでウイグルと戦って破れ、その集団も離散してしまった。阿布思は妻子とともに天山方面へ逃げたが、そこでついにカルルクにとらえられ、長安に送られて処刑されてしまう。一方、阿布思が率いていた同羅集団は安禄山に吸収され、その結果、「安禄山の精兵《せいへい》は天下におよぶものなし」

▼同羅　モンゴリアのトーラ川の北にいたトルコ系遊牧民。隋・唐の人々からは「鉄勒」の一部族とみなされていた。突厥、のちに薛延陀に従属していた。薛延陀の滅亡とともに唐朝の羈縻支配下にはいり、亀林《きりん》都督府がおかれた。

▼西葉護　葉護は突厥の職号であるyabγu(ヤブグ)の音転写。ヤブグはカガンにつぐ地位で、本来は阿史那氏の一族に与えられた。第二可汗国では左右両翼体制のうち、左翼《テリス》の長に与えられた称号である。ただ、第二可汗国末期には、阿史那氏以外の有力な族長にも与えられていたようである。

となったのである。

こうしてみると、安禄山の軍隊は、モンゴリア・マンチュリアにおける歴史の変動と密接に関係していたことがわかるだろう。つまり、突厥の衰亡や奚・契丹の動向(范陽節度使との交戦と帰順)により、これらの騎馬遊牧民が范陽節度使のもとに吸収され、安禄山軍が形成されていったのである。

④—安禄山のめざした世界とその後

「安史の乱」始末

七五五（天宝十四）年十一月九日に幽州で挙兵した安禄山は、范陽・平盧・河東節度使下の軍に、同羅・奚・契丹・室韋・曳落河《えいらくか》といった騎馬遊牧民を中心とした軍勢を加えた一五万人を率い、これを父子軍《ふしぐん》二〇万人と号して、すさまじいスピードで軍を進めていった。その名目は、宰相《さいしょう》の楊国忠《ようこくちゅう》▲を誅殺《ちゅうさつ》するというものであった。

この報に接した唐朝は、たまたま入朝してきた安西節度使の封常清《ほうじょうせい》▲を討伐軍の将軍とした。このとき、封常清は自身の軍を率いていなかったので、洛陽へ馳せて兵を募り、六万人をえて防禦体制を敷いた。また、右羽林大将軍《ううりんだいしょうぐん》（右金《うきん》吾大将軍《ごだいしょうぐん》であったともいう）であった高仙芝《こうせんし》▲を陝《せん》郡（陝州。河南省三門峡《さんもんきょう》市）に派遣した。ただ、さきの安西節度使で名将の高仙芝もこのときは禁軍《きんぐん》の将軍にすぎず、自らの野戦軍をもっていなかったので、長安で兵を募らざるをえなかった。

▼**楊国忠**（?〜七五六）　蒲《ほ》州永楽《えいらく》（山西省）の人。楊貴妃の従祖兄《またいとこ》。楊貴妃の後ろ盾と、財務方面での能力を買われ、李林甫ののち、七五二年に宰相となる。玄宗の寵愛をめぐって、安禄山と対立したといわれる。「安史の乱」中、玄宗に従い四川に逃亡中、兵士に殺害された。

▼**封常清**（?〜七五五）　蒲州猗氏《いし》（山西省）の人。唐の軍人。安西（新疆ウイグル自治区庫車《クチャ》）で高仙芝に仕える。その後、安西節度使となり、玄宗のもとへ入朝していたさい、「安史の乱」に遭遇する。

▼**高仙芝**（?〜七五五）　高句麗人。唐の軍人。安西で活躍し、安西四鎮節度使となる。七五一年、タラス河畔でアッバース朝軍と戦うが敗れる。

▼哥舒翰（?〜七五六）　トルコ系の突騎施《テュルギッシュ》族の哥舒部の人。母はコータン人である。もとは安西に居住していた。河西節度使に仕え、頭角をあらわす。八世紀前半の吐蕃との戦いで功績をあげ、やがて隴右節度使・河西節度使となる。安禄山とは犬猿の仲であった。

烏合の衆の唐朝軍に対し、子飼いの軍隊を率いた安禄山は、太行山脈の東を南下し、十二月二日には霊昌《れいしょう》（滑州《かつ》。河南省滑県）で黄河をわたって洛陽に迫った。封常清は騎兵隊を率い、安禄山の先鋒隊の「柘羯《しゃけつ》《チャカル》」を破ったものの、後続部隊に破れ、陜郡に敗走した。そして十二月十二日、安禄山はついに洛陽を落とした。挙兵してわずか三四日である。ちなみに幽州から洛陽までは一六八〇里、およそ九四〇キロ。一日当たりの平均進軍距離は二八キロとなる。実際には、戦闘などもおこなわれていたから、もっと長距離を疾駆したこととなろう。

さらに西進した安禄山軍は、陜郡に迫った。高仙芝は潼関に退き、ここで守りをかためたが、目付として従軍していた宦官の意見を聞き入れなかったことから恨みを買い、玄宗に讒訴《ざんそ》されて、封常清とともに処断されてしまった。かたや安禄山は、河南や山西北部を掌中におさめたものの、通過してきた河北の中・南部では、唐の地方官による反安禄山の動きがではじめていた。また、洛陽を落とした安禄山は、皇帝即位の準備のためか、しばらくの間、進軍をとめた。この間、唐朝は、長安で病にふせっていた河西・隴右節度使の哥舒翰《かじょかん》▲を三人目の将軍として起用した。彼は討伐軍の副元帥となるや、河西・隴右両節度

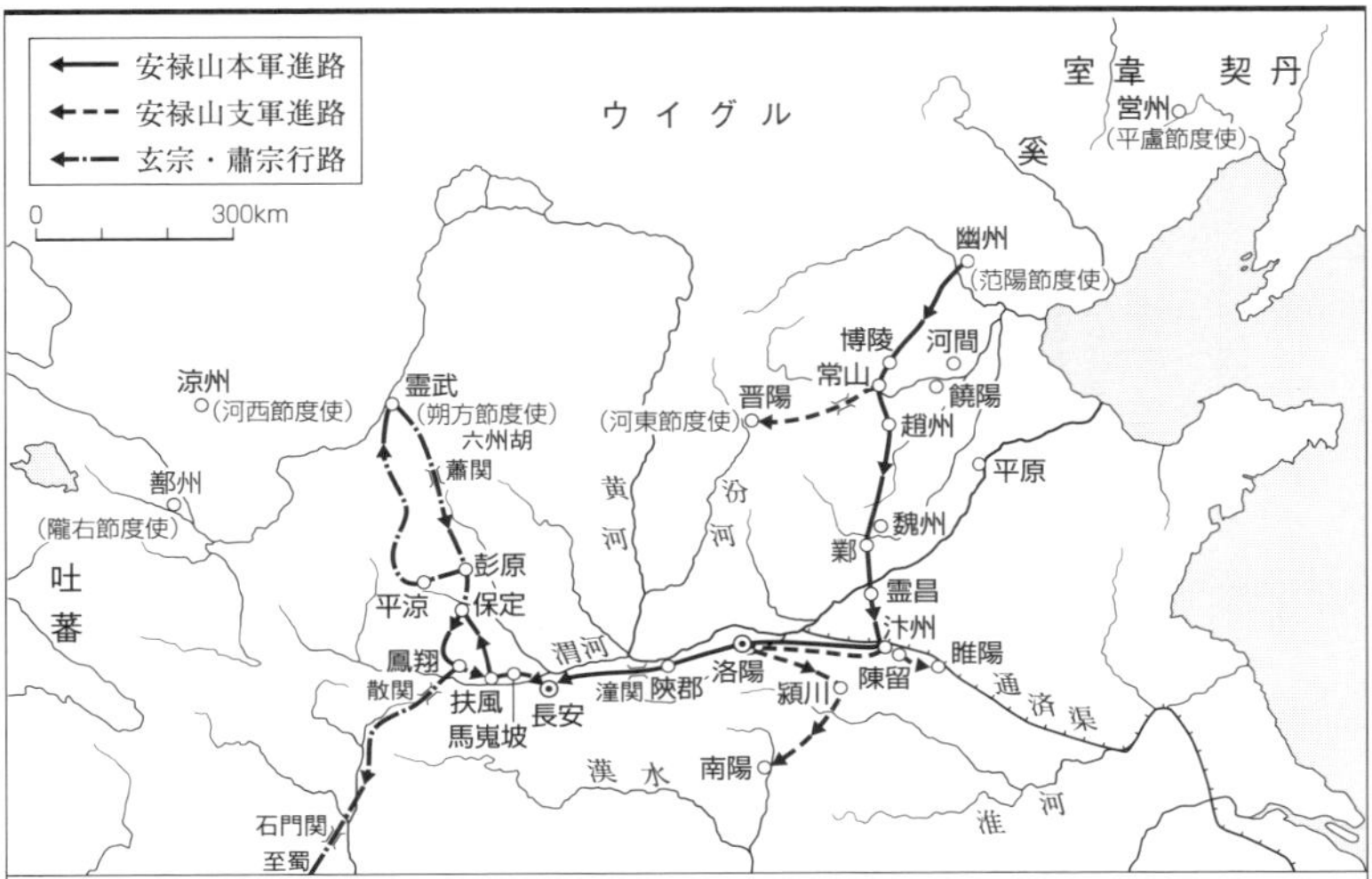

●安史の乱図

●唐の洛陽城定鼎門遺址

洛陽城の南城壁にあった門の一つ。復元された建物のなかに、当時の門の遺跡が発掘されたままの状態で保存されている。二〇一四年、世界遺産登録。

唐皇帝系図（安史の乱時まで）

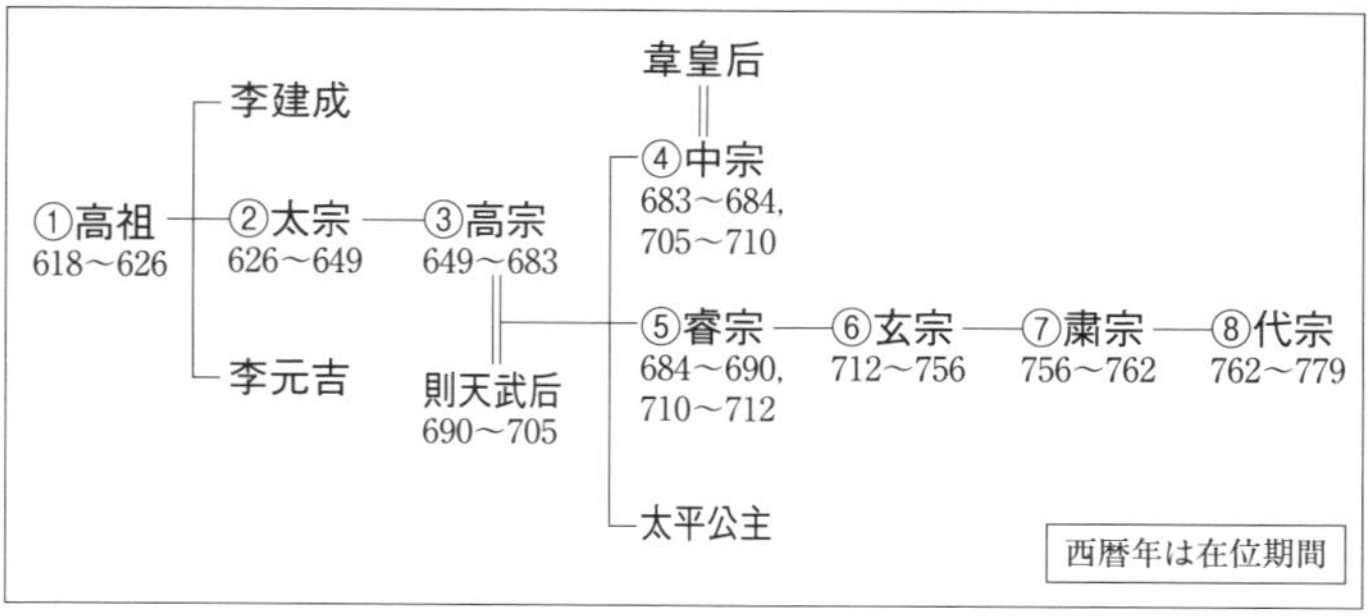

使下の非漢人を動員し、漢人の兵と合わせて二一万八〇〇〇人もの兵を発して潼関に赴き、この要衝の守りについた。

一方、安禄山は、七五六（天宝十五）年正月に洛陽で念願の皇帝に即位した。国号は大燕《だいえん》、自ら雄武《ゆうぶ》皇帝と称し、年号を聖武《せいぶ》と改元した。その半年後の六月、安禄山軍は、哥舒翰と潼関において決戦に臨み、その結果、安禄山軍が勝利した。このときの唐朝軍の敗北は、「安史の乱」の形勢を大きく変えた。挙兵よりこのかた、形勢はかならずしも安禄山に有利に展開していたわけではない。河北諸郡の激しい抵抗が続き、安禄山軍の支配した地域も分断される状態となっていた。このようななか、潼関で哥舒翰を破り捕虜にしたことによって安禄山は優勢となり、また唐朝は大きな衝撃を受けることとなったのである。玄宗は長安を放棄して四川へ落ちのびていき、かたや安禄山側は河北における反安禄山の動きを打破してふたたび実効支配を確立していくのである。

このように安禄山に有利な戦局が展開していこうというさなか、突如としてある事件が起きた。七五七（至徳《しとく》二）年正月、安禄山が安慶緒らにより暗殺されたのである。晩年、腹の肉がひざの下にまでたれさがるほど肥満となり、悪性

●――**潼関城壁遺址**　潼関は黄河と秦嶺山脈とにはさまれた狭隘《きょうあい》の地にあった関。唐代では長安の東の防衛の要衝であった。潼関の城壁は取り壊されたが、現在一部が残っている。写真は潼関城南門付近のもの。

●――**潼関・水関**　水関は潼関城を南から北へ貫いて流れる潼河に設けられたもの。写真は南水関。

●――**潼関より黄河を望む**　かつて、黄河にそって潼関の北城壁があったが、現在では一部を除いて大半は撤去されている。

の腫瘍と眼病（一説によると糖尿病）に侵されていた安禄山はしだいにノイローゼとなり、まわりの者が気にいらないとむちをふるい、ときには死にいたらしめることもあった。また、安禄山が段夫人《だんふじん》の生んだ慶恩《けいおん》を寵愛したため、本来後継者であった安慶緒は不安に陥っていった。そこで安慶緒は安禄山のブレーンであった厳荘《げんそう》▲と手を組み、暗殺を実行したのである。

こうして安慶緒は皇帝に即位し、載初《さいしょ》と改元した。しかし、七五七年の九月、ふたたび形勢が大きく変わる。玄宗が四川へ落ちのびたさい、別行動をとって霊武《れいぶ》（霊州。寧夏回族自治区呉忠市《ごちゅうし》）において即位した粛宗《しゅくそう》▲が、その子の広平郡《こうへいぐん》王《おう》の李俶《りしゅく》（代宗《だいそう》）▲を天下兵馬元帥《てんかへいばげんすい》とし、朔方・河西・隴右節度使の郭子儀《かくしぎ》▲らを指揮下にいれ、安慶緒の討伐を命じ、そして唐朝軍は安慶緒の軍を破って長安・洛陽を奪い返したのである。

敗北した安慶緒は黄河をわたって鄴郡（相《そう》州。河南省安陽市《あんようし》）へ逃げのびたが、安禄山以来の中核的戦力である曳落河・同羅・六州胡といった騎馬軍は彼を見かぎって幽州へ潰走《かいそう》してしまった。幽州を守備していた史思明は、これらをおのれの掌中におさめんとして慰撫《いぶ》し、曳落河と六州胡はそれに応じたものの、

▼**厳荘**（生没年不詳）　安禄山のブレーン。安慶緒とともに安禄山を暗殺し、安慶緒を立てるが、形勢の悪いのをみて、唐朝に帰順する。

▼**粛宗**（在位七五六〜七六二）　唐の第七代皇帝。七一一年に玄宗の第三子として誕生。諱は亨《こう》。「安史の乱」で玄宗らが四川に落ちのびたとき、馬嵬《ばかい》（楊国忠・楊貴妃を処断した場所）で行動を別にし、霊武によって唐朝軍を糾合した。

▼**広平郡王・李俶**（代宗、七二六〜七七九）　粛宗の長男。俶は幼名で、諱は豫《よ》という。七六二年三月に粛宗が崩じ、皇位を継承する。その治世は、宝応・広徳《こうとく》・永泰《えいたい》・大暦《だいれき》の一七年間におよんだ。

▼**郭子儀**（六九七〜七八一）　華《か》州鄭《てい》県（陝西省華県）の人。「安史の乱」が起きると朔方節度使に抜擢され、鎮圧にあたった。長安・洛陽の奪還に功績をあげる。

同羅は史思明に従わず、逆にこれと戦って破れ、その残党はモンゴリアへ北帰してしまった。

史思明は、本名を窣干《そつかん》といい、営州にあった寧夷《ねいい》州という羈縻州を本貫とする「突厥雑種胡人」(『旧唐書』)と伝えられる。しかし、安禄山と郷里が同じというから、やはりモンゴリアで生まれたのだろう。史書が「突厥雑種胡人」と記すのは、父が突厥人で母がソグド人であったのかもしれない。史姓は、突厥の阿史那に由来し、突厥人が漢字文化圏で名乗る姓であり、またキッシュ出身のソグド人が名乗る姓でもある。史思明もソグド系突厥とみなしてよいであろう。彼は安禄山と一日違いで生まれたといい、成長したのちも二人はともに行動していた。史思明も「六蕃語」をよく解したので、互市郎となり、やがて張守珪に仕えて、軍人として頭角をあらわしていく。のちに安禄山のもとで将軍となり、安禄山が兵を起こすと、河北にとどまって、この地域の討伐と守備に奔走することとなる。

安慶緒が安禄山を暗殺して皇位を継承すると、史思明に安姓と栄国《えいこく》という名を与え、嬀川郡王《ぎせんぐんおう》に封じ、范陽節度使として幽州の守備につかせた。しかし、

憫忠寺宝塔頌(北京市西城区法源寺)

憫忠寺宝塔頌・部分　「御史大夫史思明」の名がみえる。

安慶緒が唐朝軍に敗北すると、情勢の不利を悟った史思明は、安慶緒から離反することを画策する。七五七年十二月、いったん唐へ帰順するのである。冒頭で名をあげた北京の法源寺には、いまも史思明が奉納した「無垢浄光宝塔頌《むくじょうこうほうとうしょう》(憫忠寺宝塔頌)」という石碑が残っている。この碑は、粛宗を奉じて建立したもので、唐朝の年号が使用されており、ちょうど唐朝に帰順していたこの時期の史思明の態度が表明されている貴重な史料である。

七五八(乾元《けんげん》元)年九月、唐朝は相州に拠る安慶緒征討の軍を起こした。十月、史思明は安慶緒を助けんとしてふたたび兵をあげ、翌七五九年正月、魏《ぎ》州において大聖燕王《だいせいえんおう》を称した。そして、唐朝軍に攻撃されていた安慶緒を救うが、その直後に安慶緒を殺し、名実ともに安禄山を継承するリーダーとなった。この年の四月、ついに史思明は大燕皇帝となり、順天《じゅんてん》と改元して、幽州の名を燕《えん》京《きょう》と改めた。ふたたび大燕帝国がよみがえったのである。

しかし、奇《く》しくも史思明は安禄山と同じ命運をたどることとなった。史思明には朝義という長男がいたが、末子の朝清《ちょうせい》を溺愛し、これを後継者にしようとしていた。この史思明と朝義の関係の不和に乗じた部下たちが策動し、七六一

(上元《じょうげん》二)年三月、史思明を殺害したのである。

皇帝となった史朝義は、ただちに幽州にいた史朝清とその一派の粛清に乗り出したが、この史朝清殺害のさい、幽州城中は混乱に陥った。というのは、史朝清殺害にかかわった幽州駐留の軍が、阿史那承慶《しょうけい》・康孝忠《こうちゅう》のグループと高《こう》鞠仁《きくじん》のグループとに分かれ、争ったからである。『薊門紀乱』は、その混乱のなか、阿史那承慶と康孝忠が幽州城外に逃れ、幽州城内に残った高鞠仁は、城内の「胡者《ソグド人》」を殺戮せよという命令を出したと伝えている。その結果、ソグド人の風貌をしている者の多くが殺されることとなった。また、幽州城内での戦闘に破れ、城外に逃れていた阿史那承慶とその軍は、のちに史朝義によって洛陽に召喚されるが、そのさいも、ソグド人の顔をした者がことごとく殺害されたという記録がある。

ともあれ、安禄山・史思明といったカリスマ性を備えた指導者がいなくなったのちの大燕軍は解体していく。そもそも大燕軍の将軍の多くは安禄山の部将であり、また史思明と同輩であった。なかには史思明の部将もいた。このような将軍たちが、史朝義のもとにつくのを承知しなかったのは当然であろう。このように大燕軍の分裂が決定的となるなか、七六二(宝応元)年十月、唐はウイグルの援軍とともに、ふたたび洛陽を奪い返すことに成功した。

じつは、その二カ月前、史朝義はウイグルに援軍の要請をおこなっており、ウイグルの牟羽《ブグ》可汗▲はこれに応じて唐を攻めるべく、自ら一〇万の大軍を率いて、すでにオルドスの北、黄河の北岸にまで迫っていた。ただ、唐朝の説得が最終的にうまくいき、ウイグルが唐側に立って参戦したため、史朝義軍は敗北したのである。史朝義は黄河をわたって北へ敗走するが、大燕軍の有力な将軍たちはつぎつぎと唐朝に降伏していった。結局、自殺した史朝義の首が長安に献じられ、ここに「安史の乱」は終息したのである。ときに七六三(宝応二)年正月のことであった。

なぜ「反乱」を起こしたのか

安禄山が「反乱」を起こした理由の一つに、当時の政治状況があげられる。安禄山が節度使にまで出世できたのは、彼の才能もあるが、朝廷で権力を握っていた宰相の李林甫▲の意向によるところも大きかった。李林甫は、唐の皇室

▼**牟羽可汗**(在位七五九〜七七九)　東ウイグル可汗国の第三代可汗。「安史の乱」で唐朝に協力し、「乱」の鎮圧に貢献する。その後、権力基盤の強化をはかり、マニ教徒ソグド人を優遇して国際情報を収集した。可汗自身もマニ教に改宗したが、ウイグルの保守派の反感を買い、クーデタによって殺された。

▼**李林甫**(?〜七五二)　玄宗朝の宰相。北朝系名門出身の宇文融《うぶんゆう》らの推薦により、中央官界にデビュー。御史中丞《ぎょしちゅうじょう》・刑部《けいぶ》侍郎《じろう》・吏部《りぶ》侍郎を歴任し、七三四(開元二十二)年に宰相となる。その任期は一九年におよび、玄宗朝では最長であった。「口に蜜あり、腹に剣あり」と評され、科挙官僚など政敵をつぎつぎと葬り、専権を築きあげた。

の一族で、その祖先は唐の高祖・李淵の祖父にあたる李虎《りこ》である。すなわち、北朝系の名門出身であり、この頃台頭してきた科挙官僚とは対立する人物であった。

玄宗の統治期間のうち、李林甫が宰相となるまでに二五人の宰相がいたが、そのうち節度使をへて宰相となった者は一〇人を数える。睿宗《えいそう》▲の頃、「辺境」の軍鎮の総司令官として常設された節度使は、玄宗の開元年間になると、中央の高級官僚が出向するポストとなり、数年の任期をへて中央にもどるや、宰相の位が与えられる者がいたのである。

当時、宰相として権勢をふるっていた李林甫は、自分に対抗できる人物の出現を阻止して権勢を維持するために、節度使に門閥出身ではない者や非漢人をあてたといわれる。安禄山は、このような政治的思惑によって節度使となった側面がある。

節度使となった安禄山は、玄宗に取り入り、玄宗と楊貴妃の恩寵をこうむるようになって、皇帝（専制君主）との私的関係を強めていく。これが、彼の身を守る手段であったからだ。ところが、七五二（天宝十一）年に李林甫がなくなり、

▼**睿宗**（在位六八四～六九〇、七一〇～七一二）　唐の第五代皇帝。高宗の第八子として六六二年に長安で誕生。諱は旦《たん》。則天武后が中宗《ちゅうそう》を廃したとき（六八四年）、一時、皇帝に立てられるが、武周革命にともない、皇嗣となる。則天武后没後、兄の中宗が復位するが、皇后の韋氏によって暗殺される。そこで、睿宗の息子の李隆基（玄宗）がクーデタを起こし、皇位を獲得し、睿宗が即位することとなる。

▼竇建徳（五七三〜六二一）　貝州《ばい》漳南《しょうなん》（山東省平原県《へいげん》）の農民。隋末群雄の一人。隋末の混乱のなか、その任侠的性格などにより頭角をあらわし、六一八年には河北・山東を基盤に夏国《かこく》を建国し、独立勢力圏を築きあげた。六二一（武徳四）年、秦王李世民と戦って敗れ捕虜となり、長安に送られ処刑された。

玄宗の寵愛を一身に受けていた楊貴妃の従祖兄にあたる楊国忠が宰相として中央での権力を握ると、事態が変わる。玄宗の恩寵をめぐって安禄山と楊国忠との対立が深まっていったのである。李林甫のあと押しによって出世した安禄山にとって楊国忠は政敵であり、いつか楊国忠によって排除されるのではないかと、その不安は日ましに高まっていった。その結果、安禄山が自分の権勢を維持するためには、自らが専制君主に転化せざるをえなくなり、ついに「乱」を引きおこしたのだと説明される。

これとは別に、「安史の乱」を河北社会の特性と結びつける考え方がある。唐代の河北は、関中《かんちゅう》（陝西）と対立する地域であった。この関係は北中国を統一していた北魏が東西に分裂したときに始まった。やがて河北の北斉と関中の北周の対立になるが、最終的には北周が北斉を支配する。その後、関中を基盤として成立した隋・唐が河北を支配していくという構図が続いていく。こうして、関中政権に支配される地となった河北社会に、反関中的土壌が形成されていったというのである。例えば、隋末の混乱時、河北から山東にかけて独立王国を打ち立てた竇建徳《とうけんとく》▲は、その一例であり、また、則天武后による武周《ぶしゅう》革命は、河北・河南を基盤にして起こったと説明される。そして、このような河北と関中の対立という歴史の流れの上に起きたのが、「安史の乱」というのである。

この河北と関中の地域対立の観点から「安史の乱」を理解するのにもいくつかの見方がある。一つ目は、安禄山が、北周・隋・唐という関中政権から差別的にあつかわれ、大きな負担をしいられてきた河北の人々の不満を利用したというものである。二つ目は、これとは逆に、関中政権に不満をもっていた河北の人々が安禄山を利用して「反乱」を起こさせたという見方である。三つ目は、関中と河北の地域的対立を文化と種族の対立ととらえるものである。

三つ目の見方によると、唐代の河北社会は、しだいに「胡化《こか》」していったという。もともと、河北という空間は、伝統的な漢人の文化が栄えていた地域である。このことは、河北を含む「山東」▲を代表する名門貴族のうち、范陽の盧《ろ》氏、清河《せいが》の崔《さい》氏、趙《ちょう》郡の李氏▲などはすべて河北に基盤をもっていたことからも明らかである。北朝以来、栄華を誇ってきたこれらの門閥貴族は、儒学の教養を身につけており、漢人の伝統文化の体現者であったというのだ。ところが、唐代の河北には突厥、奚、契丹、靺鞨、室韋、ソグド系突厥などが移住し、や

▼**「山東」**　唐代の史料にあらわれる「山東」は、現在の山東省の範囲よりも広い。「山」は太行山脈であり、「山東」とはこれより東の華北平原を指す。だいたい、河北・山東・河南を含めた地域。

▼**范陽の盧氏、清河の崔氏、趙郡の李氏**　唐代を代表する山東の貴族群。唐の前半期までは、魏晋南北朝以来の貴族が政治の実権を握っており、その代表格が「五姓」といわれる門閥貴族であった。范陽は北京、清河は河北省南部、趙郡は河北省中部。崔氏には博陵(河北中部)のものもあった。これに太原(山西省)の王《おう》氏と滎陽《けいよう》(河南省)の鄭氏が加わる。

がて彼らの騎馬遊牧的文化がこの地に影響をおよぼしていった。こうして「胡化」した河北の地に、安禄山や遊牧民出身の軍人があらわれ、関中にあった伝統的漢人文化と対立した。それが「安史の乱」であると説明される。

このように、安禄山が「反乱」を起こした理由や背景には諸説があるが、以下、安禄山の支配構造を分析しながら、この問題を少し考えてみよう。

安禄山の支配構造

安禄山は突厥に生まれ、ソグド人と突厥人の血を引くソグド系突厥であったものの、彼自身の遊牧集団を率いていたわけではなく、安延偃の集団に従っていた者にすぎない。それが、やがてこの集団から離れ、営州もしくは幽州において軍人として頭角をあらわし、ついにはその頂点である節度使になることができた。このときはじめて安禄山は自らの軍事集団を手にいれることができたのである。そして、そのなかには、漢人の兵士のほかに、古くから唐に帰順していた羈縻州出身の非漢人の兵士も含まれていた。さきにみた契丹の李永定と玄州・青山州の契丹人がそれであるが、このタイプの羈縻州民は、節度使制が

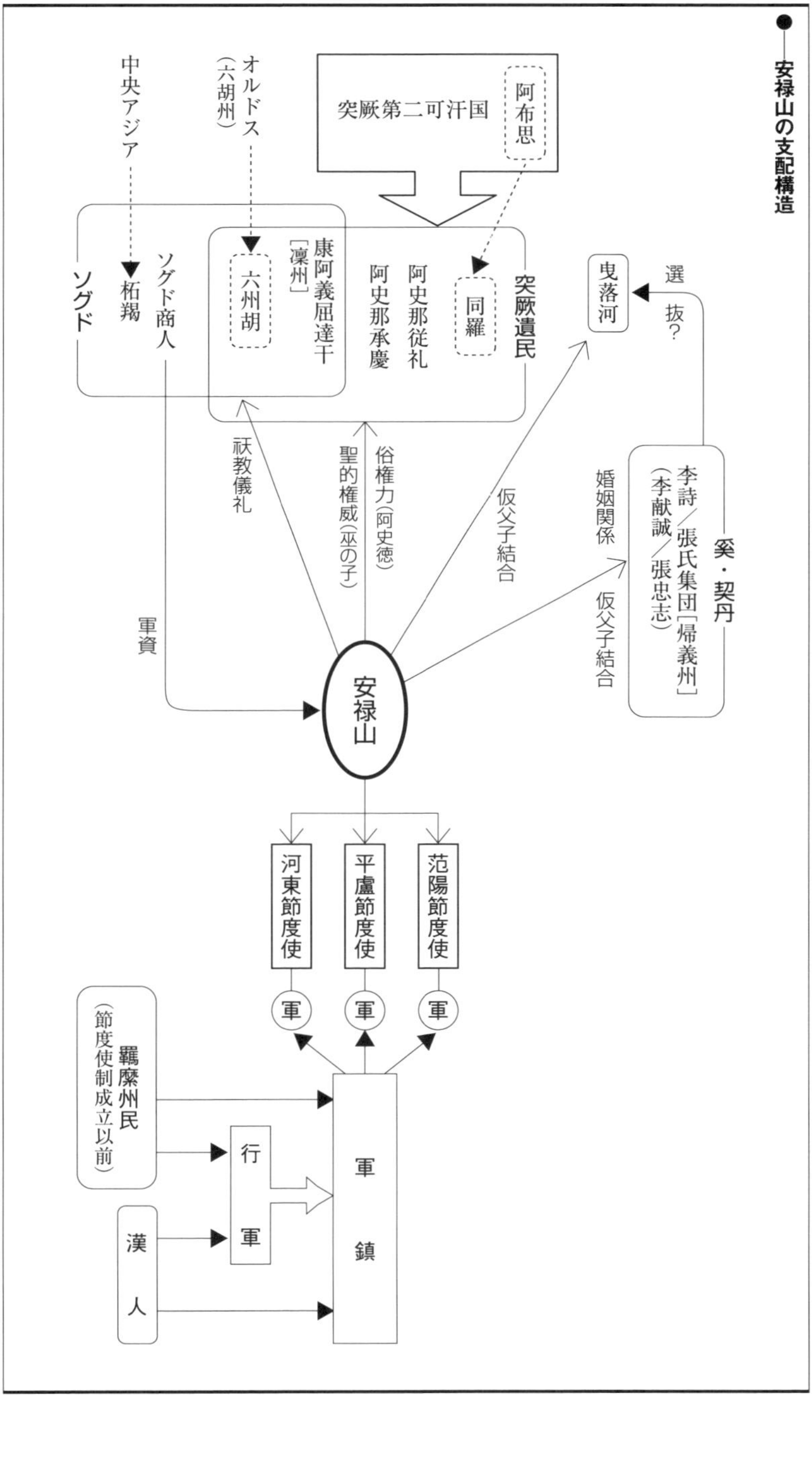
突厥第二可汗国
阿布思
オルドス（六胡州）
中央アジア
突厥遺民
同羅
阿史那従礼
阿史那承慶
康阿義屈達干［瀼州］
六州胡
ソグド
柘羯
ソグド商人
曳落河
選抜？
奚・契丹
李詩／張氏集団［帰義州］（李献誠／張忠志）
婚姻関係
仮父子結合
仮父子結合
俗権力（阿史徳）
聖的権威（巫の子）
祆教儀礼
軍資
安禄山
河東節度使
平盧節度使
范陽節度使
軍
軍
軍
軍鎮
行軍
羈縻州民（節度使制成立以前）
漢人
●安禄山の支配構造

成立する前から軍鎮に編入されていたため、安禄山は節度使となると同時に、そのままスムーズに統率できたと筆者は考えている。

一方、節度使制が成立したのちの八世紀前半に、モンゴリア・マンチュリアにおける政変の結果、新たに唐へ亡命してきた騎馬遊牧民たちがいた。この新来の集団のうち、幽州エリアには李詩が率いた奚・契丹の連合集団と阿布思や康阿義屈達干の率いた突厥遺民集団がやってきた。すでに述べたように、安禄山と李詩の集団とは、婚姻関係と仮父子結合をつうじて強固に結びついていた。この集団は、一貫して「安史の乱」に参加しており、「乱」後も、安禄山の遺志を継続していくこととなる。

ところで、安禄山が仮父子の関係を結んだ有名な集団に曳落河《えいらくか》がある。曳落河は契丹語からの音転写と思われ、「壮士《そうし》(いさましい者)」を意味する。曳落河の規模は八〇〇〇人と伝えられる。安禄山と仮父子の関係になったのは、おもに奚族と契丹族なので、仮父子結合集団である曳落河も奚・契丹から構成されていたと考えておきたい。

それに対し、安禄山と突厥遺民との間には、婚姻関係も仮父子結合も認められない。安禄山と突厥遺民との関係は、安禄山の聖俗にわたる権威、すなわち阿史徳の血を引く俗的権力と、シャーマンの子である聖的権威をもって君臨したのではないかと、筆者は考えている。ただ、その関係は安禄山個人とのみ有効なもので、独立性の強かった康阿義屈達干の集団と、もと阿布思が率いていた同羅は、安禄山の死後、安慶緒や史思明に従わず、大燕軍から離脱してしまうのである。

また、安禄山のもとには阿史那承慶や阿史那従礼《じゅうれい》▲という将軍がいた。この二人は、その姓から突厥の可汗の一族とわかるが、なぜ安禄山に従っていたのだろうか。それは、この阿史那の将軍たちは突厥可汗国の復興を夢みて、あえて安禄山のもとに身を寄せていたのかもしれない。というのは、唐の羈縻支配時期をつうじ、突厥遺民は阿史徳が実質的に管轄しており、「黄金の一族」である阿史那といえども、軍事力をともなわない精神的権威だけでは突厥の復興は不可能であったからである。阿史那骨咄禄が阿史徳元珍の協力をえて第二可汗国を復興できたのは、まさしくそのことを示す格好の事例といえよう。また、阿史徳の血を引く安禄山にとっても、それだけで突厥遺民を統率するのには限

▼阿史那承慶と阿史那従礼　ともに生没年不詳。阿史那承慶は「安史の乱」の最後まで、大燕軍にいた。一方、阿史那従礼は、「乱」初期、同羅と突厥を率いて長安を占領したこと、七五六(至徳元)年に、同羅・突厥とともに長安からオルドスへ移動し、その地にいた「六州胡」などを誘い、粛宗をおそおうとしたが、郭子儀と楡林《ゆりん》で戦って敗れたこと、安禄山の暗殺後、安慶緒によって左羽林大将軍に任じられたことがわかっている。

界があり、阿史那の権威を利用する必要があったのだろう。この両者の打算的な思惑により、安禄山のもとに阿史那姓の将軍がいたと理解できるのではなかろうか。

安禄山軍のなかで、もっとも注目すべきものはソグド系軍人である。安禄山自身がソグド人の血を引いていただけでなく、その盟友であり後継者でもあった史思明もソグド人の血を引いていた。このように安禄山・史思明がともにソグド人の血を引いていることとあわせて考えると、安禄山軍中のソグド人の存在は特別なものだった可能性がある。

安禄山軍には、安思義《あんしぎ》・安守忠《あんしゅちゅう》・安太清《あんたいせい》ら安姓の将軍のほか、その顔が安禄山に似ていたという何思徳《かしとく》、安禄山の腹心だった何千年《かせんねん》、曹将軍《そうしょうぐん》・曹閔之《そうびんし》ら個人名がわかるソグド人の将軍たちがいた。またそれ以外に、ソグド人から構成される軍団が二つ存在していた。その一つがソグド系突厥の「六州胡」であり、もう一つが「柘羯」である。安禄山が洛陽を攻めたとき、その先鋒にいたのが「柘羯」であり、封常清と戦ったことはすでに述べたとおりである。では、「柘羯」とはどのようなソグド軍事集団だったのだろうか。

「柘羯」は「赭羯《しゃけつ》」とも書かれる。七世紀前半、唐の玄奘《げんじょう》▲が取経《しゅきょう》のためインドへ赴く途中、ソグディアナのサマルカンドを通過したさいに、つぎのような記録を残している。

> （ソグドの）軍隊は強くたくましく、多くは「赭羯」である。「赭羯」の人は、気性が激しく、死ぬことをもとにもどることだと考えて恐れないので、戦いにおいて前に敵がいないほどである。（『大唐西域記《だいとうさいいき》』）

また、『新唐書』には、つぎのように記録されている。

> （ソグドでは）勇気があって強くたくましい者を募って「柘羯」とする。「柘羯」は、中国でいう戦士である。

「柘羯」「赭羯」のソグド原語は、いまのところソグド語文献にはあらわれていない。ただ、「僕」を意味するペルシア語のchākarは、このソグド語を借用したものである。このことから推測すると、ソグド語における意味は、ソグディアナの君主や貴族の隷属民《れいぞくみん》・私的傭兵《ようへい》で命知らずな勇敢な者たち、となる。

では、ソグディアナの私的傭兵部隊の「柘羯」が、なぜ安禄山の軍隊にいたのだろうか。八世紀前半、ソグディアナはイスラーム勢力のたびかさなる軍事

▼玄奘（六〇二〜六六四）　陳留《ちんりゅう》（河南省偃師《えんし》市）の人。法相宗《ほっそうしゅう》・倶舎宗《ぐしゃしゅう》の祖。出家して仏教を学んだが、その教義を極めんとし、六二九（貞観三）年、インドへ赴く旅にでた。ナーランダー僧院で学び、インド各地の仏蹟をめぐって、大量の経典をたずさえて、六四五（貞観十九）年、長安に帰着した。唐の太宗の命により、これらの仏典は漢訳され、『大般若波《だいはんにゃは》羅密多経《らみたきょう》』などが成った。その旅行記は『大唐西域記』としてまとめられ、また玄奘の伝記に『大慈恩寺三《だいじおんじさん》蔵法師伝《ぞうほうしでん》』がある。

ソグド戦士　カライ・カフカハＩ遺跡（タジキスタン、シャフリスタン）出土の八世紀の壁画。この戦士の絵はチャカルをモデルにして描かれた可能性がある。カライ・カフカハＩ遺跡は、ソグド人のオアシス都市のウストルシャナ（東曹国）の領主の都城遺址。

侵攻によって、不安定な状況となっていた。そのようななか、ソグディアナを脱し、モンゴリアから北中国に張りめぐらされたソグドネットワークをつうじ、東方へ向かったソグド人もいたであろう。そのなかに「柘羯」もおり、河北で兵を募っていたソグド系の安禄山のもとへいたり、その軍に流入したのではなかろうか。

一方、安禄山に属していたソグド軍人集団は、「六州胡」の名でも記録されている。もともとオルドスにいた「六州胡」は、はっきりしないが、「安史の乱」が始まってしばらくしてから安禄山軍に加わったようである。「六州胡」がなかば突厥化したソグド人であったことを考えると、「六州胡」は騎馬遊牧民の装いをしており、対する「柘羯」は西域《さいいき》の装いを色濃く残していたのかもしれない。そのため、唐の人は同じ彫りが深く鼻の高い容貌をしたソグド系の武人を「六州胡」と「柘羯」とに書き分けたのだろう。

また、安禄山軍を経済面で支えていたのもソグド人であった。安禄山はソグド系武人やソグド商人と同じ文化を共有するという意識によって結びついていたと思われる。

こうしてみると、安禄山が「反乱」を起こした理由には、さまざまな要因がからまっていたように思える。それは安禄山に従っていた奚・契丹・突厥・ソグドのそれぞれが、唐からの独立をめざして、安禄山にそれを託したというものだ。奚・契丹は羈縻支配からの独立をめざし、突厥とソグド系突厥は「第三可汗国」の復興を夢みて、ソグド系武人《チャカル》は失われつつある故郷《ソグディアナ》の国のかわりを求めて、ソグド商人は彼らの権益を保護し拡張してくれることを願って、ともに安禄山を選び、唐からの独立をめざしたという側面があったといえるのではなかろうか。

唐朝軍の特徴

安禄山軍が、モンゴリア・マンチュリアおよび中央アジアのさまざまな種族を含むものであったのに対し、唐朝軍には、どのような特徴がみられるのだろうか。

さきに述べたように、安禄山の軍隊が長安に迫ったとき、唐朝は河西・隴右節度使の哥舒翰を起用し、漢・蕃兵あわせて二一万八〇〇〇人にのぼる軍を編制し、「乱」鎮圧にあたらせた。このとき、動員された者のなかに、甘粛や青海にいた奴剌《どらつ》・頡跌《けつてつ》・朱邪《しゅや》・契苾・渾・蹛林《たいりん》・奚結・沙陀《さだ》▲・蓬子《ほうし》・処蜜《しょみつ》（処密）・吐谷渾《とよくこん》▲・思結《しけつ》など一三の部族があった。

このうち朱邪・契苾・渾・蹛林・奚結・沙陀・処蜜・思結はトルコ系である。契苾・渾・思結はもともと北モンゴルで唐の羈縻支配を受けていたが、大旱魃《かんばつ》や突厥の圧迫のため、七世紀末頃、河西に移動してきた。朱邪・沙陀・処蜜は、西突厥に従っていた部族で、のちに唐に帰順し、河西から天山東部あたりで遊牧生活をしていた。これらのトルコ系諸族は、その遊牧的組織を保ったまま、河西節度使下の軍鎮に編制されていったらしい。そして、この構造は、「安史の乱」が起きたときまで続いており、哥舒翰が「乱」討伐軍の将軍になると、ただちに兵として動員されたのである。また、唐に協力し、「安史の乱」を鎮圧したウイグルもトルコ系であった。

唐朝軍のなかで、注目すべきものに大食《タージー》の軍がある。七五七（至徳二）年に、粛宗が広平郡王を天下兵馬元帥に任命し、安慶緒討伐軍を編制したとき、広平郡王が率いた軍は、「朔方・安西・回紇《ウイグル》・南蛮・大食等の兵二十万」であった

▼沙陀　トルコ系部族。もとは天山北麓から河西回廊の西部あたりにいた。沙陀部と朱邪部があり、「安史の乱」時には、この両集団は唐朝側に立って参戦している。その後、吐蕃の圧迫により八〇八年にオルドスへ移動し、唐朝の統制下にはいり、その後、山西北部へ移動する。この間、朱邪部が領導するようになる。黄巣の乱鎮圧に参加し、部族長の朱邪赤心《せきしん》が功績により李姓と国昌《こくしょう》の名を賜る。その子、李克用《りこくよう》のとき、山西北部にいた六州胡（ソグド系突厥）や吐谷渾などを傘下におさめて勢力を伸張する。しかし、朱全忠《しゅぜんちゅう》との争いに敗れ、山西のみの支配にとどまった。李克用の子の李存勗《りそんきょく》のとき、後梁《こうりょう》を倒して後唐《こうとう》を建国する。その後の後晋《こうしん》・後漢《こうかん》はともに沙陀が建てた王朝であり、北周・宋も沙陀軍団の将軍が建国したものである。

▼吐谷渾　鮮卑系部族。もとは遼《りょう》東《とう》にいたが、四世紀頃、陰山山脈へ移動し、さらに甘粛・青海方面に移って王国を建設した。六六三年に吐

と史書は伝える。この大食とはなんであろうか。ふつう大食はアラブを指す。七五七年の時点では、アッバース朝が成立していたから、この大食もアッバース朝カリフ▲からの援軍を意味するのであろうか。

じつはそうではないらしい。この大食は、アッバース朝カリフから派遣された正規軍ではなく、ホラーサーン▲にいた反アッバース朝勢力であるghulāt（過激派）と呼ばれるアラブ兵であった可能性が高いという。この頃、このアラブ兵はアッバース朝に弾圧され、ホラーサーンからソグディアナへ流入していた。この軍勢が、唐の粛宗による募兵に応じ、パミール高原を東にこえて唐朝軍に参加したというのである。

以上みてきたように、安禄山軍、唐朝軍ともに、ユーラシア各地のさまざまな種族が参加している。なぜ、かくも多種多様な種族が「安史の乱」にかかわったのかと考えるとき、七五五年から七六三年という「安史の乱」の期間のみを観察していてはわからない。これは、七世紀以来のユーラシア全体でみられた歴史の変動を視野にいれてはじめて理解できるのである。突厥第一可汗国の崩壊とそれにともなう突厥遺民の唐の北辺への流入、薛延陀の滅亡とトルコ系

蕃に攻撃され、吐谷渾はオルドス・河西に移住し、「安史の乱」をきっかけにその一部がさらに東遷し、山西北部に移り、遊牧生活をいとなんだ。

▼カリフ　アラビア語ではハリーファ。預言者ムハンマドの後継者、代理人として、イスラーム共同体（ウンマ）を統べた。ウマイヤ朝、アッバース朝もカリフを名乗って君臨した。

▼ホラーサーン　イラン北東部とアフガニスタン西北部、トルクメニスタンの一部を含む地域。

諸部族の唐への帰順、西突厥の衰亡と西域方面への唐の進出、奚・契丹と唐との攻防、さらには西アジアにおけるウマイヤ朝からアッバース朝への交替といった諸事象がそれであり、これらの歴史的変動による人的移動が八世紀前半に北中国という舞台で複雑にからみ合った。それが「安史の乱」であったのだ。安禄山は、この種族のダイナミックな動きを的確にとらえて自らの軍団をつくりあげ、「乱」を起こす原動力とした。対する唐も、安禄山の麾下にはいっていなかった騎馬遊牧民をはじめとする諸勢力を結集して対抗したのである。

「反乱」はなぜ失敗したのか

こうしてみると、安禄山軍と唐朝軍の構成は、ともにさまざまな種族からなる連合部隊で、とりわけ大きな違いがあるわけではない。しかし、勝利の女神がほほえんだのは、唐朝側であった。その理由は、一つは唐朝がウイグルという強大な援軍をえたこと、もう一つは安禄山軍が内部からくずれていったことによる。

では、なぜウイグルは唐朝を助けたのだろうか。さきにみたように、「乱」

の終盤戦で、ウイグルの牟羽可汗は史朝義に協力するつもりで出兵したが、ぎりぎりのところで唐朝側に立って参戦している。このウイグルの翻意については、牟羽可汗の妻が唐の将軍であったトルコ系の僕固懐恩《ぼくこかいおん》▲の娘であり、この僕固懐恩が牟羽可汗を説得したのが功を奏したのだという。ただ、大局的にみたとき、モンゴリアにおける突厥とウイグルの争いが、北中国で再現したとみることもできる。なるほど、いままでみてきたように、安禄山軍にはソグド系突厥をはじめ、多くの突厥遺民が含まれていた。なかには、突厥の三度の復興を夢みる者もいただろう。亡国の民といえども、「黄金の一族」たる阿史那一門は安禄山のもとにおり、それが安禄山のもつ阿史徳のパワーと結びつくとき、突厥の復興は、決して非現実的なものではなかったはずである。そして、それはウイグルにとって、大きな脅威だったに違いない。そのため、ウイグルは、虎視眈々と安禄山軍を潰滅させるチャンスをねらっていた、と説明できるのである。

一方、安禄山軍が内包していた問題は、軍の構造が脆弱だったことにある。いままでみてきたように、さまざまな種族からなる連合部隊を統率したのが、

▼**僕固懐恩**（?～七六五）　トルコ系僕骨部の人。六四六（貞観二十）年、唐に帰順してきた僕骨部の歌濫抜延《からんばつえん》が曾祖父にあたる。「安史の乱」平定に大功を立て、「乱」後、朔方節度使となる。のちに唐朝から離反し、吐蕃らとともに唐を攻撃した。

傑出したカリスマ性をもつ安禄山であったといえよう。安禄山は、その血筋によって突厥の民を服従せしめ、また仮父子結合と婚姻によって奚・契丹とも強固に結ばれた。それゆえ、彼の死後は、それはたちまちくずれ去り、種族間の抗争に発展してしまう。私たちは、ここに大燕帝国の脆弱さをみてとることができるのだ。

「安史の乱」の再評価

中華王朝の伝統的観念のなかでは、安禄山・史思明はともに「悪者」であった。『旧唐書』では、いちばん最後に反逆者を集めた列伝《れつでん》があり、そのなかに安禄山の伝が立てられている。『新唐書』ではもっとはっきりと「逆臣列伝《ぎゃくしんれつでん》」のなかに組み込まれ、「遂《つい》に天下を乱《みだ》」した者と評価されている。

中国史の流れのなかに安禄山や「安史の乱」を位置づけようとすると、ネガティブな見方はまぬがれそうもない。たしかに「乱」が唐に与えた影響は大きく、その後の唐は国威が衰え、実効支配する領域も縮小したのは事実である。しかし、この前後の時期に律令体制の矛盾が表面化し、それまでの唐朝の統治システムが機能していかなくなることは、安禄山や「乱」と無関係に生じていたものである。にもかかわらず、「安史の乱」が起きたタイミングの悪さから、あたかも安禄山の出現によって律令制の崩壊に最後のとどめがさされ、延《ひ》いては安禄山が唐を衰退させた張本人のような印象を与える。しかし、唐朝は、「安史の乱」で受けたダメージのなかから試行錯誤をかさねて財政改革を成功させ、「安史の乱」後、一四〇年あまりも続いていく。そうしてみると、安禄山が唐を「衰退」させたとはいちがいにはいえないのではなかろうか。

こういったマイナスのイメージに引きずられた見方から脱却する方法の一つが、さきに述べた「安史の乱」を中央ユーラシア世界の動きのなかでみようというものである。そして、その一つに「安史の乱」を「征服王朝」の先行形態としてとらえる視角がある。十世紀前後、騎馬遊牧民の勢力は、その強力な騎馬軍事力を支柱とし、「大人口の農耕民・都市民を擁する地域を、少ない人口で安定的に支配する組織的なノウハウを完成」し、文字文化も取得して支配システムを構築し、「中央ユーラシア型国家(征服王朝)」を出現させていく。このような国家に類するものが、契丹=遼、沙陀系諸王朝、西夏《せいか》王国、甘州《かん》ウイグル王国▲、西ウイグル王国▲、カラ＝ハン朝▲、ガズナ朝▲、セルジューク朝▲、ハザール帝国▲などであり、これらの出現は歴史的必然であって、これに先行するものが「安史の乱」であったというのである。ただ、「安史の乱」が失敗に終わったのは、八世紀の段階では、「征服王朝」の出現は時期尚早であったからだという。

ポスト安禄山の時代

「安史の乱」が終結したあと、唐朝にとってやっかいな「土産」が残されていた。その一つが、藩鎮である。「安史の乱」が起きたとき、唐朝は「乱」を鎮圧する目的で各地に節度使をおいた。しかし、これらの節度使は「乱」の戦後処理のなかでも解体されず、残ってしまった。また、唐朝が「安史の乱」を平定できた理由の一つは、安禄山・史思明に仕えていた将軍たちが、唐に帰順したことにあったから、唐はこれら安禄山の旧将を懐柔し、節度使の位を与えざるをえなかったのである。

唐を苦しめた藩鎮勢力の最たるものが「河朔《かさく》の三鎮」と呼ばれる河北におかれた三つの藩鎮である。いずれも安禄山・史思明の部下だった軍人が節度使と

▼甘州ウイグル王国（八九〇年代〜一〇二八年）　東ウイグル可汗国の崩壊時、西走したウイグル人の一部が、甘州（甘粛省張掖）によって建てた国。

▼西ウイグル王国（九世紀半ば〜十三世紀にモンゴルの支配下へ）　東ウイグル可汗国の崩壊時、西走したウイグル人の集団が東部天山地方に到達し、八五〇年頃までに建てた国。のちに、トゥルファンを冬の都とし、ビシュバリクを夏の都とするようになる。

▼カラ＝ハン朝（九世紀半ば〜十二世紀）　中央アジアに興ったトルコ系王朝。十世紀半ばにイスラーム教を受け入れる。九九九年、サーマーン朝を滅ぼし、中央アジアのトルコ化を促進させた。十一世紀には東西に分裂し、十二世紀に滅んだ。

▼ガズナ朝（九七七〜一一八七年）サーマーン朝に仕えたトルコ系奴隷軍人が建てた王朝。アフガニスタン

東部のガズナを中心に、ホラーサーン、インド亜大陸北部を支配した。ゴール朝に滅ぼされた。

▼**セルジューク朝**（一〇三八〜一一九四年）　トルコ系のセルジューク家がイラン・イラク・トルクメニスタンを中心に建てた王朝で、その支配領域はシリア・アゼルバイジャン・アフガニスタン・トルコの一部にまでおよんだ。

▼**ハザール帝国**（七〜十一世紀）　ハザールは、カスピ海・黒海北岸にいたトルコ系部族。はじめは西突厥に従属していたが、やがて独立した。ほかのトルコ系部族やキエフ・ルーシに攻撃され衰退していった。

なったものだ。これらの藩鎮は、管内の戸籍を唐朝に報告せず、徴収した租税も中央に送らず、また配下の役人・軍人の任命も勝手におこない、半独立割拠するありさまだった。

　こういった半独立体制をとる藩鎮は、じつは「安史の乱」直後には、河北・山東に広く存在していた。その多くは安禄山軍を継承するもので、それらの節度使は、みな安禄山・史思明に仕えていた軍人たちの生き残りだった。そして、これらの軍人の間には、安禄山に対する信仰がしっかりと根づいていた。

　さきにみたように、安禄山の仮子であった奚族の李宝臣（張忠志）は、「乱」後、成徳節度使となって、河北中部の恒州（河北省正定県）を拠点に巨大な勢力を築きあげていった。彼は、安禄山との擬制的血縁関係を利用し、安禄山の後継者として河北・山東の諸藩鎮に対しシンボリックな存在として君臨した。河北や山東に基盤を確立した節度使たちは、このような李宝臣と婚姻関係を結んで藩鎮連合体を形成したのである。みようによっては大燕帝国の復活である。ただ、李宝臣がなくなると河北・山東の諸藩鎮は、これらの勢力を削がんとする唐朝の政治介入を受け、その結果、この藩鎮連合はくずれ去ってしまう。そのなかで、河朔三鎮だけは、唐末まで半独立を維持していく。こうしてみると、安禄山がめざした独立王国建設の夢は、その部下たちによって河朔三鎮というかたちでなかば実現されたとみなすことも可能ではなかろうか。

　河朔三鎮の歴代の節度使の多くは、ソグド系突厥や奚、契丹の血を引く者たちであった。彼らは藩鎮内の統治と唐朝廷との煩瑣《はんさ》な折衝や事務を円滑におこなうため、科挙には合格したものの銓選《せんせん》▲をとおらない官人予備軍をスカウトして、文書行政システムを構築していった。こういったノウハウは、やがて河朔三鎮のうち、河北北部にあった幽州節度使を吸収した契丹国へ受け継がれる。また、代北から興った沙陀は、河北中部の成徳節度使と河北南部の魏博《ぎはく》節度使を吸収し、後唐《こうとう》▲・後晋《こうしん》▲・後漢《こうかん》▲という沙陀系王朝を建設していく。こうして安禄山の遺産は受け継がれ、「征服王朝」すなわち中央ユーラシア型国家の誕生につながっていくのである。すなわち、安禄山や「安史の乱」を再評価するには、そののちの時代も視野にいれてみなおす必要があるのだ。

▼**銓選**　吏部がつかさどる任用試験。唐代の科挙(貢挙)は、礼部がつかさどる資格認定試験と銓選とに分かれていた。

▼**後唐**(九二三～九三六年)　李存《りそん》勗《きょく》(荘宗《しょうそう》)が後梁を破って建てた沙陀王朝。都は洛陽。

▼**後晋**(九三六～九四六年)　沙陀族の石敬瑭《せきけいとう》が、契丹の力を借りて後唐を倒して建てた王朝。そのみかえりに、「燕雲十六州」を契丹に割譲した。都は開封。

▼**後漢**(九四七～九五〇年)　沙陀族の劉知遠が建てた王朝。後周の郭威に滅ぼされるが、劉氏一族は太原に拠って、北漢を建国する。

●河朔三鎮と九世紀前半の情勢

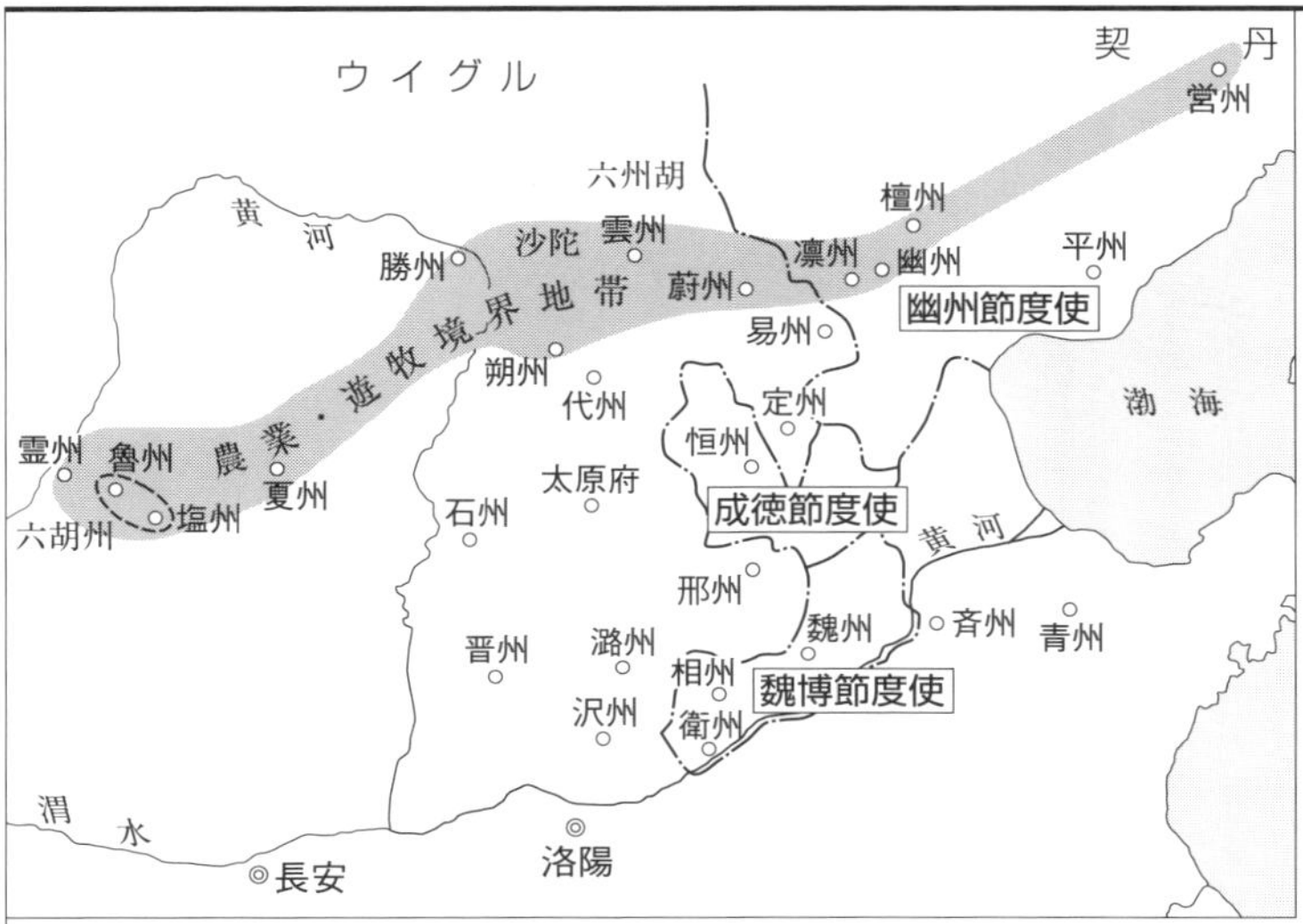

●魏博節度使何進滔徳政碑（河北省大名県）　魏博節度使は、現在の河北省南部から河南省北部を管轄した。何進滔は六州胡（ソグド系突厥）の人で、九世紀初めに夏州から河北へ移住し、一代にして魏博節度使となった。

安禄山とその時代

西暦	年号	齢	おもな事項
703	長安 3	1	安禄山，モンゴリアで誕生す
716	開元 4	14	突厥のカプガン可汗が戦死し，ビルゲ可汗が即位する。安禄山，この頃，唐へ亡命する
717	開元 5	15	柳城に営州都督府をおく
732	開元 20	30	奚の李詩が，5000 帳を率いて唐に帰順する
736	開元 24	34	この頃，平盧討撃使となって契丹と戦うが，敗れる。*4-* 敗戦の責任者として処刑されそうになるが，玄宗により赦される
740	開元 28	38	平盧軍兵馬使となる
741	開元 29	39	*3-* 特進を加えられる。*8-* 営州都督，平盧軍使，両蕃・渤海・黒水四府経略使となる
742	天宝元	40	*1-6* 平盧節度使となる。*8-* 阿布思，康阿義屈達干ら，唐へ亡命す。この頃，范陽に凜州をおく
743	天宝 2	41	*1-* 入朝し，驃騎大将軍を加えられる
744	天宝 3	42	*3-* 范陽節度使を兼任する
747	天宝 6	45	*1-24* 兼御史大夫を加えられる
748	天宝 7	46	*6-* 鉄券を賜り，柳城郡開国公に封ぜられる
750	天宝 9	48	*5-* 東平郡王を賜る。*8-* 河北採訪処置使を兼任し，永寧園を賜り邸宅とする。*10-* 入朝し，奚の捕虜 8000 人を献上する。また，上谷における貨幣の鋳造を許される
751	天宝 10	49	*1-* 玄宗から長安の親仁坊に邸宅を賜る。*2-* 河東節度使を兼任する。*8-* 契丹を討つも，大敗する
752	天宝 11	50	*3-* 契丹征伐を奏請し，あわせて阿布思を麾下に組み込まんことを願いでるが，聞きいれられず。契丹征伐は中止となる。*12-* 平盧兵馬使の史思明を北平太守・盧竜軍使とする
754	天宝 13	52	*1-* 入朝し，閑厩・隴右群牧使となる
755	天宝 14	53	*11-* 幽州で兵をあげる。*12-* 洛陽を陥落させる
756	天宝 15 至徳元	54	*1-* 洛陽において皇帝に即位し，国号は大燕，年号を聖武とする。*6-* 潼関で哥舒翰を破る。玄宗ら四川に逃亡し，安禄山軍，長安に入城す。*7-* 粛宗，霊州で即位し，至徳と改元す
757	至徳 2	55	*1-* 安禄山，安慶緒らに暗殺される。安慶緒，即位する。*9-* 唐朝軍，広平郡王李俶を大元帥とし，ウイグルとともに長安を奪い返す。*10-* 唐朝軍，洛陽を奪い返す。安慶緒，鄴へ逃げのびる。*12-* 史思明，唐に帰順する
759	乾元 2		*1-* 史思明，燕王を称す。*3-* 史思明，安慶緒を殺す。*4-* 史思明，大燕皇帝に即位す
761	上元 2		*3-* 史朝義，史思明を殺し，皇帝に即位す。幽州にいた史朝清一派を粛清す
762	宝応元		*4-* 粛宗，崩ず。代宗，即位す。*8-* この頃，史朝義，ウイグルに援軍を要請し，ウイグル，これに応じる。*10-* 唐朝・ウイグル連合軍，洛陽を奪還す
763	宝応 2		*1-* 史朝義，自殺す。その首，長安に送られ，「安史の乱」終結す

参考文献

稲葉穣「安史の乱時に入唐したアラブ兵について」『国際文化研究』5, 2001 年
岩佐精一郎「突厥の復興に就いて」『岩佐精一郎遺稿』私家版, 1936 年
石見清裕「唐の突厥遺民に対する措置をめぐって」『論集中国社会・制度・文化史の諸問題――日野開三郎博士頌寿記念』中国書店, 1987 年（『唐の北方問題と国際秩序』汲古書院, 1998 年に再録）
小野川秀美「河曲六州胡の沿革」『東亜人文学報』1-4, 1942 年
菊池英夫「節度使制確立以前における「軍」制度の展開」『東洋学報』44-2・45-1, 1961-1962 年
栗原益男「安史の乱と藩鎮体制の展開」『岩波講座 世界歴史』6, 岩波書店, 1971 年
氣賀澤保規「房山雲居寺石経事業と唐後半期の社会」氣賀澤保規編『中国中世仏教石刻の研究』勉誠出版, 2013 年
鈴木宏節「突厥阿史那思摩系譜考――突厥第一可汗国の可汗系譜と唐代オルドスの突厥集団」『東洋学報』87-1, 2005 年
鈴木宏節「三十姓突厥の出現――突厥第二可汗国をめぐる北アジア情勢」『史学雑誌』115-10, 2006 年
鈴木宏節「唐代漠南における突厥可汗国の復興と展開」『東洋史研究』70-1, 2011 年
妹尾達彦『長安の都市計画』講談社, 2001 年
曽布川寛・吉田豊編『ソグド人の美術と言語』臨川書店, 2011 年
谷川道雄「「安史の乱」の性格について」『名古屋大学文学部研究論集』8, 1954 年
新見まどか「唐代後半期における「華北東部藩鎮連合体」」『東方学』123, 2012 年
藤善眞澄『安禄山』人物往来社, 1966 年（2000 年, 中央公論新社〈中公文庫〉より復刊）
藤善眞澄『安禄山と楊貴妃――安史の乱前後』清水書院, 1972 年（2017 年, 副題を「安史の乱始末記」とし再刊）
E・G・プーリィブランク「安禄山の出自について」『史学雑誌』61-4, 1952 年
E・G・プーリィブランク「安禄山の叛乱の政治的背景」『東洋学報』35-2・3・4, 1952-1953 年
堀敏一「唐末諸反乱の性格――中国における貴族政治の没落について」『東洋文化』7, 1951 年（『唐末五代変革期の政治と経済』汲古書院, 2002 年に再録）
前嶋信次「安史の乱時代の一二の胡語」『石田博士頌寿記念東洋史論叢』石田博士古稀記念事業会, 1965 年
宮崎市定『アジヤ史概説 続編』人文書林, 1948 年（1987 年, 中央公論社〈中公文庫〉より復刊）
宮崎市定「読史箚記」『史林』21-1, 1936 年（『宮崎市定全集』17, 岩波書店, 1993 年に再録）
護雅夫『古代トルコ民族史研究Ⅰ』山川出版社, 1967 年
護雅夫『古代遊牧帝国』（中公新書）中央公論社, 1976 年
森部豊『ソグド人の東方活動と東ユーラシア世界の歴史的展開』関西大学出版部, 2010 年
森部豊「安禄山女婿李献誠考」『関西大学東西学術研究所創立六十周年記念論文集』関西大学出版部, 2011 年
森部豊「増補：7 ～ 8 世紀の北アジア世界と安史の乱」森安孝夫編『ソグドからウ

イグルへ――シルクロード東部の民族と文化の交流』汲古書院，2011年
森部豊「「安史の乱」三論」森部豊・橋寺知子編『アジアにおける文化システムの展開と交流』関西大学出版部，2012年
森安孝夫「ウイグルから見た安史の乱」『内陸アジア言語の研究』17，2002年
森安孝夫『シルクロードと唐帝国』講談社，2007年（2016年，講談社学術文庫として刊行）
渡邊孝「滎陽鄭氏襄城公房一支と成徳軍藩鎮」『吉田寅先生古稀記念アジア史論集』，吉田寅先生古稀記念論文集編集委員会，1997年
栄新江『中古中国与外来文明』生活・読書・新知三聯書店，2001年
栄新江「安禄山叛乱的種族与宗教背景」『隋唐遼宋金元史論叢』1，紫禁城出版社，2011年
黄永年『唐代史事考釈』聯経出版事業公司，1998年
谷霽光「安史乱前之河北道」『燕京学報』19，1936年
蔡美彪「曳剌之由来及其演変」『遼金元史十五講』中華書局，2011年
陳寅恪『唐代政治史述論稿』上海古籍出版社，1982年
李錦綉「"城傍"与大唐帝国」『唐代制度史略論稿』中国政法大学出版社，1998年

E.G.Pulleyblank, *The Background of the Rebellion of An Lu-shan*, Oxford University Press, 1955.
É.de La Vaissière, "Čākar sogdiens en Chine" , É.de la Vaissière, É.Trombert (ed.), *Les Sogdiens en Chine,* École française d'Extrême-Orient, Paris, 2005.

図版出典一覧

Guitty Azarpay, *Sogdian Painting: The Pictorial Epic in Oriental Art,* University of California Press, 1981. *9*

V. M. Sokolovskij, *Monumental painting in the palace complex of Bunjikat, the capital of medieval Ustrushana 8th-early 9th centuries,* St. Petersburg, 2009. *84*

L. I. アリバウム(加藤九祚訳)『古代サマルカンドの壁画』文化出版局，1980 年 カバー表

乾陵博物館編『絲路胡人外来風——唐代胡俑展』文物出版社，2008 年 *46*

邵国田主編『敖漢文物精華』内蒙古文化出版社，2004 年 *56*

張寧他編『隋唐五代墓誌匯編・北京巻附遼寧巻』第 1 冊，天津古籍出版社，1991年 *57*

著者提供 *3,17,20,22,23,30,31,36,45,47,54,67,69,72,95*

シーピーシー・フォト提供 扉

MIHO MUSEUM 提供 *61*

ユニフォトプレス提供 カバー裏

森部　豊(もりべ ゆたか)
1967年生まれ
愛知大学文学部卒業
筑波大学大学院博士課程歴史・人類学研究科単位取得退学
専攻，唐・五代史，東ユーラシア史
現在，関西大学文学部教授。博士(文学・筑波大学)

主要著書

『ソグド人の東方活動と東ユーラシア世界の歴史的展開』(関西大学出版部 2010)
『ソグド人と東ユーラシアの文化交渉』(編著，勉誠出版 2014)
『唐――東ユーラシアの大帝国』(中央公論新社 2023)
「契丹国の建国と東ユーラシア史の新展開」『アジア人物史 3
ユーラシア東西ふたつの帝国』(集英社 2023)

世界史リブレット人⑱

安禄山《あんろくざん》

「安史《あんし》の乱《らん》」を起《お》こしたソグド人《じん》

2013年 6 月20日　1 版 1 刷発行
2024年 8 月31日　1 版 4 刷発行

著者：森部《もりべ》　豊《ゆたか》

発行者：野澤武史

装幀者：菊地信義

発行所：株式会社 山川出版社

〒101-0047　東京都千代田区内神田 1 -13-13
電話　03-3293-8131(営業) 8134(編集)
https://www.yamakawa.co.jp/

印刷所：株式会社 明祥

製本所：株式会社 ブロケード

ISBN978-4-634-35018-2